30秒探索

莎士比亚

每天30秒
探索莎士比亚的生平、作品和对后世的影响

主编

[英] 罗斯 · 巴伯
(Ros Barber)

参编

[英] 杰西卡 · 戴森 (Jessica Dyson)
[美] 安德鲁 · 詹姆斯 · 哈特利 (Andrew James Hartley)
[英] 玛格丽特 · 乔利 (Margrethe Jolly)
[英] 克莱尔 · 范 · 坎彭 (Claire van Kampen)
[美] 柯克 · 梅尔尼科夫 (Kirk Melnikoff)
[英] 林恩 · 罗布森 (Lynn Robson)
[美] 李 · 约瑟夫 · 鲁尼 (Lee Joseph Rooney)
[美] 厄尔 · 肖尔曼 (Earl Showerman)
[英] 罗宾 · 威廉姆斯 (Robin Williams)

译者

崔向前　崔墅

机械工业出版社
CHINA MACHINE PRESS

Ros Barber，30-Second Shakespeare
ISBN: 978-1-78240-260-2

北京市版权局著作权合同登记 图字：01-2017-8446号。

图书在版编目（CIP）数据

莎士比亚/（英）罗斯·巴伯（Ros Barber）主编；崔向前，崔曌译.
—北京：机械工业出版社，2022.9
（30秒探索）
书名原文：30-Second Shakespeare
ISBN 978-7-111-71625-9

Ⅰ.①莎… Ⅱ.①罗… ②崔… ③崔… Ⅲ.①莎士比亚（Shakespeare，William 1564-1616）-传记②戏剧文学-剧本-作品集-英国-中世纪③诗歌-作品集-英国-中世纪 Ⅳ.①K835.615.6②I561.13

中国版本图书馆CIP数据核字（2022）第174375号

机械工业出版社（北京市百万庄大街22号 邮政编码100037）
策划编辑：汤 攀 责任编辑：汤 攀 李 艳
责任校对：史静怡 王明欣 封面设计：鞠 杨
责任印制：张 博
北京利丰雅高长城印刷有限公司印刷
2023年2月第1版第1次印刷
148mm × 195mm · 4.875印张 · 175千字
标准书号：ISBN 978-7-111-71625-9
定价：59.00元

电话服务 网络服务
客服电话：010-88361066 机 工 官 网：www.cmpbook.com
010-88379833 机 工 官 博：weibo.com/cmp1952
010-68326294 金 书 网：www.golden-book.com
封底无防伪标均为盗版 机工教育服务网：www.cmpedu.com

目 录

序

马克·里朗斯

30秒？在30秒内说完莎士比亚，我只能说道“生存还是毁灭”独白中的“是啊，这就是问题所在”。但我是出了名的慢。“离开还是留下，赶快行动。”这是我在扮演哈姆雷特时在后台收到的留言。我曾经听到两位演员在环球剧院的舞台上比赛，看谁能最快说出“生存还是毁灭”。那天晚上，科林·赫尔利先生成为有史以来讲话最快的哈姆雷特。我便给他发了短信：“我想大概是32秒。”他回短信说：“再快一点，就会有损诗意。”

对速度的重视并不是什么新鲜事。2世纪的希腊哲学家赫莫根尼称赞速度是雄辩的演说家的七个基本特质之一。他写道，速度使演讲显得生动活泼，富有感染力。我同意他的观点。速度要适当。清晰、庄严、美丽、气质、真理和礼仪是雄辩的演说家的其他基本特质。在《牛津英语大词典》中，“雄辩”被定义为：以流畅、有力和恰当的方式表达思想，从而诉诸理性或打动感情的行动、实践或艺术。

那么，用什么速度欣赏莎士比亚作品比较合适呢？30秒？我没意见。在30秒内，我可以说：“似果实在枝头，我的灵魂，直至木朽。”我可以再重复一遍，同时还有时间说“人生如梦”，或者“时间老人的背上负着一个庞大的布袋”。在一段时间内，这些妙语足以慰藉我的理智和情感。因此，用《维洛那二绅士》中的人物史比德（Speed）的话来说，我要向大家推荐《30秒探索：莎士比亚》这本书，并祝该书畅销全球。

HERE IS
NO DARKNESS
BUT
GNORANCE

译者序

莎士比亚一生写过许多剧作和十四行诗，至今在英国乃至世界各地仍广受欢迎。在评论界，他被视为“人类文学奥林匹斯山上的宙斯”。英国剧作家本·琼森称赞莎士比亚是“时代的灵魂”，说“他不属于一个时代，而属于所有世纪”。法国作家雨果说：“莎士比亚的光辉照耀着全人类，从时代的这一个尽头到那一个尽头。”从伊丽莎白一世时代到今天，四百多年间，莎士比亚不仅是英国文学的重要标签，更已经成为一种文化符号，影响到人类文化的方方面面。

从神秘的魔法森林到弗瑞斯附近的辽阔荒原，从静谧的贝尔蒙特到热闹的威尼斯，从喧嚣的小酒馆到阴森的古堡，莎士比亚用文字搭建了包罗万象的世界。从哈姆雷特替父报仇到李尔王的家庭悲剧，从漂泊在外的普洛斯彼罗父女到麦克白弑君夺权，从双双殉情的罗密欧与朱丽叶到弄巧成拙、喜结连理的培尼狄克和贝特丽丝，莎士比亚创造了很多脍炙人口的经典情节；从咄咄逼人的夏洛克到宽容的赫米温妮，从说谎的伊阿古到诚实的科迪莉亚，从沉着的班柯到淘气的迫克，从凯撒大帝到福斯塔夫，莎士比亚创造了一个又一个经典人物形象。这些场景、情节和人物跨越四百年的时空经久不衰、历久弥新，吸引着一代又一代的读者，启发了一部又一部的作品。

历史上许多大作家都受到莎士比亚的影响。英国的哈代、狄更斯，美国的福克纳、梅尔维尔等人的作品中就有不少莎士比亚的影子。狄更斯的作品中甚至有25部引用了莎士比亚的剧作。梅尔维尔的名作《白鲸》里的亚哈船长的性格与李尔王的性格如出一辙，是经典的悲剧主人公，而作者本人也表示从莎剧中受益良多。不仅仅是文学作品，很多知名影视作品也都是莎翁作品的改编。迪士尼电影《狮子王》和冯小刚电影《夜宴》改编自《哈姆雷特》；大热美剧《纸牌屋》和黑泽明的《蜘蛛巢城》改编自《麦克白》；好莱坞电影《温暖的尸体》和《西区故事》改编自

《罗密欧与朱丽叶》；《不羁的天空》改编自《亨利四世》和《亨利五世》；著名科幻片《禁忌星球》改编自《暴风雨》；《我恨你的十件事》改编自《驯悍记》。此外，英文中很多表达也都是莎士比亚创造的，可以说他凭借一己之力把英语推向了新高峰，极大丰富了英语语言。比如我们常说的“have a heart of gold（有一颗金子般的心）”就来自于《亨利五世》，用来描述人或事物突然烟消云散的短语“vanish into thin air（消失得无影无踪）”来自于《奥赛罗》和《暴风雨》，还有“cold comfort（于事无补）”出自《驯悍记》和《约翰王》。每当我们使用这些表达，就是在引用莎士比亚的原话。这样看来，莎士比亚并不遥远，仿佛就在我们身边。

然而有关这位才华横溢的文学大家的个人资料却寥寥无几，后人对其生平知之甚少，他的存在就是一个谜。出身卑微、受教育水平低的他是如何做到上知天文、下知地理，外及异邦、内涉宫闱的？他为何没有像同时代的作家一样留下书信和手稿呢？他是否真的写了这些作品，还是说作者另有其人？正如1623年《第一对开本》前言中致读者的话中所讲：“读者们，不要看他的影像，要看他的书。”了解这位大文豪最佳的途径，就是阅读他的作品。

研究莎士比亚作品的书籍浩如烟海，但正如歌德所讲，这是一个“说不完的莎士比亚”。本书以简短明快的方式，从50个话题切入介绍了莎士比亚，并着重介绍了他的七部经典作品。笔法生动活泼，浅显易懂，除了对莎士比亚作者和合著者身份问题、他灵感的来源、对后世影响以及知识储备等热门话题进行介绍之外，还选取了几个有趣的角度，希望通过这些特别的切入点，让大家能对莎士比亚作品有新的认识和了解。如果因此对莎士比亚产生了极大的兴趣，那么欢迎你阅读他的原作；如果你曾读过莎士比亚的作品，那么这本书也能给你一个全新的认识角度，可以让你重温一下莎翁经典。歌德曾说：“我读到他作品的第一页，就感到我一生都属于他了；读完第一部，我就像一个先天盲人，一双奇异的手瞬间使我的双眼看到了光明。”莎士比亚就是如此魅力无穷。让我们马上开始探究莎翁之旅吧。

前言

罗斯·巴伯

有关莎士比亚的书比任何有关其他作家或有创造力的人的书都多。那么这本书有什么特别之处？将如此广泛的主题压缩成一篇篇简练的短文，从这一点来说这本书会非常有用。我们可能在学校学过莎士比亚，甚至可能学习或看过一两部戏剧，但大多数人可能都没有更深入的了解。400年后的今天，伊丽莎白一世时代的英语或多或少成为一门外语，离大多数人的生活比较遥远。但同时我们也意识到，莎士比亚影响了我们文化的方方面面，他和他的作品屡屡被提及。如果我们没有阅读参考文献，就会错过了解他的机会。这本书以凝练的语言紧紧围绕主题，解释是什么让莎士比亚的诗和戏剧如此重要、生动、影响持久，目的就是让莎士比亚变得有趣并被更多人理解。

人形空洞

大多数关于莎士比亚的通俗读物的关注点都是莎士比亚本身，大多数学术性书籍的关注点都是其作品。但是有关莎士比亚这个人，或者说是与他相关的历史记录都很不尽如人意，甚至有人质疑他是否真的写了这些作品。比尔·莱布莱森将莎士比亚描述为“文学界的电子——永远既在那也不在那”，历史学家迈克尔·伍德将莎士比亚的传记描述为“人形空洞”。莎士比亚的传记作品不得不重复使用这些不尽如人意的材料，用推测和假设来补充。本书是由学者们撰写的通俗读物，摒弃了种种臆测，聚焦于让莎士比亚家喻户晓的核心著作。

环球剧院

该剧院最初建于1599年，莎士比亚的许多戏剧都是在此首次公演。这座剧院于20世纪90年代重建，这是莎士比亚经久不衰的魅力的一种体现。

THE·SHAKESPEARE·CLASSICS

人性作品

莎士比亚重要的不是他本身，而是他作品中展现出的人性。他的十四行诗有耳语的亲密。他的戏剧蕴含心理学见解。他的悲剧好像可以抓住你的衣领，将你拉到黑暗中，刺伤你的腹部。他的喜剧好像可以让你脱下衣服站在穿衣镜前自嘲。那些让历史刻骨铭心的人物，无论是酒馆老板还是国王，都是完全人性化的。虽然莎士比亚现在被吹捧为“神”，但他也完全是一个人。他比大多数人更了解人类的处境，也比任何人都善于表达这种处境。他用精炼的和富有诗意的真理来表达。这些真理我们经常引用，如今已成为我们语言的一部分。莎士比亚之所以能比其他作家更经久不衰，是因为他有一种能简明扼要地揭示我们人类本身的天赋。

本书简介

《30秒探索：莎士比亚》的第一章探讨了莎士比亚作品的背景——社会影响和塑造它们的来源以及传记的基线，探索了我们对作者及其作品知道的和不知道的事情。如果我们可以通过他作品的主题来了解他，那么第二章将讨论作者反复提到的七个主题。第三章讲述了他掌握的知识中一些令人惊讶的方面。第四章探讨了莎士比亚作品的基本组成部分。第五章讲述了他作品中的主人公和反面人物。第六章揭示了他对魔法和怪物的兴趣。最后一章探讨他给后世留下的遗产。每一条都是由一个深入主题的“30秒钟剧本”组成，进一步提炼成一个“3秒钟小结”和一个“3分钟谢幕”，提出一个问题或者将焦点集中在一个有趣的细节上，以便读者进一步探究。每一章的经典剧作专题都着重介绍一部戏剧，以彰显莎士比亚的天赋。

女巫三姐妹

在《麦克白》和许多其他戏剧中，莎士比亚探索了人性的各个方面——光明与黑暗，善与恶。

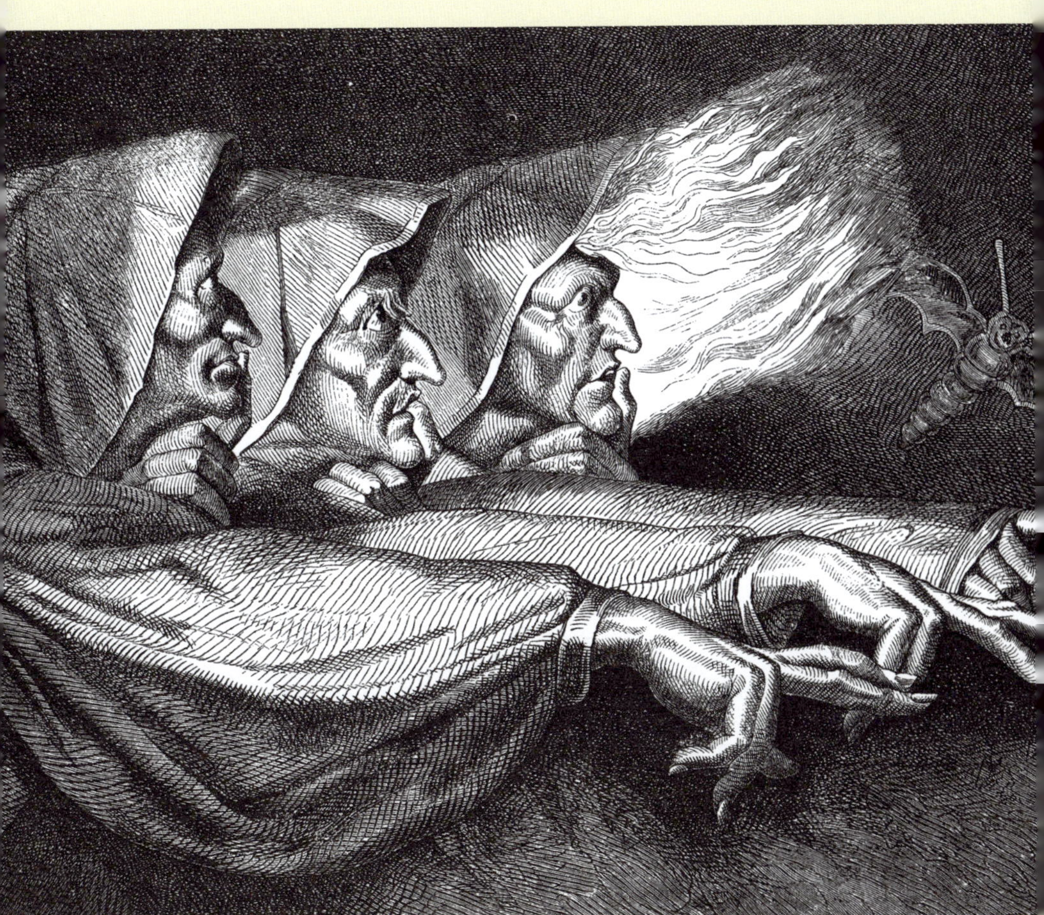

背景

背景
术语

反斯特拉特福德主义者 这些人怀疑埃文河畔斯特拉特福德的莎士比亚是否真的写了他署名的戏剧和诗歌。

无韵诗 用规则的格律（固定的节奏模式）写的诗，但不押韵。无韵诗通常是用五步抑扬格写的，每行有五次“弱—强”音节模式。无韵诗不同于自由诗体，自由诗体既不押韵，也没有固定的节奏。

克劳狄斯 哈姆雷特的叔叔。他在他哥哥的耳朵里注入毒药并娶了他哥哥的妻子（哈姆雷特的母亲格特鲁德王后），因而成为国王。

即兴喜剧 一种戏剧表演形式，起源于16世纪的意大利，特点是固定社会类型的角色。最好翻译为“技巧喜剧”，其包含了基于特定场景的即兴表演，通常围绕着性、嫉妒、爱情和老年。

戏剧构作 戏剧创作的理论与实践。与剧本创作和导演不同（尽管一个人可以完成这三项工作），戏剧构作包括将一个故事变成一种可以表演的形式，融入戏剧的所有元素，同时还要了解剧本的历史和社会背景。

伊丽莎白一世时代的 与英国伊丽莎白一世统治时期（1558—1603）有关的。活在她统治期间的人可以被称为伊丽莎白一世时代的人。

警句 一种表达思想或观察的短小诙谐的诗。警句在伊丽莎白一世时代的伦敦律师学院的见习律师中特别受欢迎。

微型史诗 一种长篇叙事诗，在形式上（主题、音调或风格）与史诗有相似之处，但相对短得多。

第一对开本 第一对开本是用来描述莎士比亚第一部剧本合集精装本最常用的术语。该精装本于莎士比亚1623年去世7年后出版。第一对开本的实际标题是《威廉·莎士比亚先生的喜剧、历史剧和悲剧》。

哈姆雷特 是莎士比亚著名的一部剧，同时也是该剧主人公的名字。

吊起、剖腹和肢解 伊丽莎白一世时代的一种特别可怕的惩罚措施，专门用来惩罚那些被判为叛国罪的人。尸体碎片经常在公共场所示众。

詹姆斯一世的 与英国詹姆斯一世统治时期（1603—1625）有关的。

国王剧团 1603年，苏格兰国王詹姆斯六世成为英格兰国王詹姆斯一世，随后成为莎士比亚戏剧公司赞助人。从此，莎士比亚戏剧公司的名字就称为国王剧团。

不信奉国教 不符合英国国教的习俗和信仰。

奥菲莉亚 莎士比亚悲剧作品《哈姆雷特》中年轻的女主角。

赞助 是指贵族中富有的人向作家或艺术家提供金钱或其他支持。作家常常把作品献给富有的贵族或夫人，希望能得到经济上的支持。

戏剧经纪人 为戏剧表演公司买剧本的人，也可以把这些剧本卖给出版商。

复仇悲剧 悲剧的一种，其情节的主要驱动力是复仇的需要。

讽刺作品 一种用夸张、讽刺和嘲笑来揭露和批评个人行为的喜剧。通常涉及时事，经常被用作削弱当权者的手段。

十四行诗 一种14行的诗歌，通常都是关于爱情，有固定的节奏和规则的韵律（节奏模式）和一个“转折”（volta），例如，允许它提出问题并回答。

悲喜剧 既是悲剧也是喜剧的一种剧作。

生平与传说

30秒钟剧本

传统认为，威廉·莎士比亚的出生和死亡都是在4月23日圣乔治节这一天，有着诗意的巧合。这是可能的，但无法查证。他于1564年4月26日在埃文河畔斯特拉特福德受洗，并于1616年4月25日在那下葬。他在家里八个孩子（五个孩子幸存）中排行老三。他18岁结婚，生了三个孩子，唯一的儿子11岁时夭折。到1594年底，他成为宫内大臣剧团（后来的国王剧团）的股东，五年后成为环球剧院的股东。但除了他的作品之外，莎士比亚留给后人了解的资料很少——没有信件，没有手稿，只有一份遗嘱，而遗嘱最有趣的特点是把“第二好的床”留给妻子安妮。历史记载不足的地方，故事填补了空白。莎士比亚在偷猎鹿后被迫离开斯特拉特福德，或是在伦敦剧院外牵马，或是在乡下当教师，或是在美人鱼酒馆里与本·琼森进行“智斗”，诸如此类的故事不胜枚举。所有这些故事都是在他去世后的几十年里出现的。我们真正了解这位作家的唯一途径，似乎只有通过阅读他的作品。

3秒钟小结

我们对莎士比亚了解得既太多又太少，他的商业交易记录多达几十份，但有关其个人的记录几乎为零。

3分钟谢幕

大多数学者认为，首次间接提及莎士比亚的是1592年罗伯特·格林提到的“暴发户似的乌鸦”——一个开始写无韵诗的演员。格林改述了《亨利六世》下篇的一句话，说“乌鸦”认为自己是“一个国家唯一的震撼㊀舞台者”。但“震撼舞台者”也可能是指“演员”，格林所指其实有可能是著名的男主角爱德华·艾雷恩，他的《塔姆伯坎》（模仿马洛的《帖木儿大帝》）是在当年上演的。

相关话题

同时代影响　14页
作者身份问题　18页

3秒钟人物

罗伯特·格林
ROBERT GREENE
1558 — 1592
作家

爱德华·艾雷恩
EDWARD ALLEYN
1566 — 1626
演员

本·琼森
BEN JONSON
1572 — 1637
作家

本文作者

罗斯·巴伯
ROS BARBER

在缺乏事实的情况下，莎士比亚的传说便围绕着这位斯特拉特福德人的许多故事发展起来。

㊀ 原文中Shake（震撼）是莎士比亚名字（Shakespeare）的前半部分。

THERE IS
NO DARKNESS
BUT
IGNORANCE

宗教与政治

30秒钟剧本

3秒钟小结

在莎士比亚生活的时代，宗教与政治密切相关，在宗教问题上直言不讳可能有性命之忧。这也许就是莎士比亚戏剧是绝对世俗而非宗教的原因。

3分钟谢幕

在伊丽莎白一世时代，英国国教热衷于控制民众观看的戏剧和阅读的书籍。剧院被视为是不道德的地方，牧师们经常呼吁关闭剧院。坎特伯雷大主教是印刷品的首席审查员。1599年，他和伦敦主教下令，禁止一切讽刺作品和警句，以及一切未经批准出版的历史和戏剧作品。在他们要焚毁的书单中，只有一本幸存了下来。

在莎士比亚生活的年代，宗教与政治紧密相连。在他出生前的30年里，官方国教改变了三次。由于国家元首也是教会领袖，那些与君主信仰不同的人面临被宣布为叛国者和异教徒的危险，而对叛国者的惩罚是死刑。1558年，伊丽莎白登上王位时，她承诺不会“制造窥探人们灵魂的窗户”。但在天主教徒发动一系列企图推翻她的阴谋之后，所有不信奉国教的行为都被视为叛国。神父埃德蒙·坎皮恩因宣扬天主教而被吊起、剖腹和肢解；伊丽莎白的天主教表妹苏格兰女王玛丽一世被处死。不仅是天主教徒，清教徒亨利·巴罗、约翰·格林伍德和约翰·彭里因为“撰写和传播煽动性书籍”而被处死。1593年，克里斯托弗·马洛和托马斯·基德两位作家因涉嫌无神论而被捕，因为在他们合住的屋子里发现了宗教论文。基德受到酷刑，马洛在被起诉之前就死了。文学评论家乔纳森·贝特说：“莎士比亚之所以成为莎士比亚，是由于马洛之死，他也一直备受马洛死亡的困扰。”马洛创作的剧本直接涉及宗教问题。也许并不奇怪，对宗教的探索几乎是莎士比亚在戏剧写作上唯一没有向马洛效仿的方面。

相关话题

政治交接 26页
圣经典故 48页

3秒钟人物

圣埃德蒙·坎皮恩
ST EDMUND CAMPION
1540—1581
天主教殉道者

亨利·巴罗
HENRY BARROW
1550—1593
清教徒分裂主义者

本文作者

罗斯·巴伯
ROS BARBER

在伊丽莎白一世时代，像苏格兰女王玛丽一世这样的人作为叛国者受到了严惩。

文本来源

30秒钟剧本

3秒钟小结

在戏剧创作中，莎士比亚广泛阅读，旁征博引，文本来源极广，包括从古至今的史实和虚构作品。

3分钟谢幕

莎士比亚的借用从来不照搬照抄。书中的人物原型可能是复仇心重并意欲杀人的重婚者和准国王，就像安姆雷斯一样，但莎士比亚借此创作出来的哈姆雷特可敬、脆弱、极度悲伤，是一个不情愿的复仇者，也是一个谜。而在《皆大欢喜》中，莎士比亚采取了不同的方法。他以托马斯·洛奇的《罗莎琳德》（1586—1587）为原型，摒弃了所有的死亡和大部分的肢体暴力情节，增加了更多的家庭关系和爱情故事。

作为一个如饥似渴的读者，莎士比亚从阅读过的书籍中搜罗图像、名字、概念和情节并为己所用。学者们已经查明了其作品中270多份明确的文本来源，有英文、法文和意大利文，还有可能有许多其他来源。他最喜欢的资料来源可能是罗马诗人奥维德，他的《变形记》于1567年被翻译成英语。莎士比亚为了写《仲夏夜之梦》，收集了许多信息，包括皮拉摩斯和提斯柏的故事。他还根据另一部古代著作——普鲁塔克的《希腊罗马名人传》（译于1579年）创作了《安东尼与克莉奥佩特拉》和《裘力斯·凯撒》。莎士比亚也借鉴了意大利的故事，比如《无事生非》就来源于马代奥·班戴洛于1554年出版的《短篇小说集》第一卷和弗朗西斯·德·贝尔福瑞斯特的法国小说《悲剧故事》。莎士比亚也借鉴了同时代的小说。《冬天的故事》的情节主要来源于罗伯特·格林的浪漫散文《潘多斯托》（1588年），《罗密欧与朱丽叶》借鉴了亚瑟·布鲁克的诗歌《罗梅乌斯与朱丽叶的悲剧史》（1562年）。尽管莎士比亚借鉴了许多资料，但经过富有想象力的改造，他创造出了别具一格、令人耳目一新、难以忘怀的戏剧作品。不管是当时还是现在，他的戏剧都深入人心，令观众惊叹、着迷。

相关话题

古典文学影响 12页
法律 54页
历史 56页

3秒钟人物

奥维德
OVID
前43—17
拉丁诗人

阿瑟·布鲁克
ARTHUR BROOKE
未知—1563
诗人

托马斯·洛奇
THOMAS LODGE
1558—1625
作家和医生

本文作者

玛格丽特·乔利
MARGRETHE JOLLY

莎士比亚从各种各样的资料来源中获得灵感，既有古代的资料，也有同时代的作品。

The Triumph
of Time.
IS DISCOVERED
Historie, that although by the meanes
fortune Truth may be concea-
Time in spight of fortune it
reuealed.
thoughtes,
wanton
DE LE NOVELLE
DEL

经典剧作专题：《哈姆雷特》

HAMLET

李尔王缺乏自我认识，奥赛罗容易上当受骗，麦克白雄心勃勃——这些莎士比亚作品里经典角色的性格缺陷导致了他们的悲剧结局。但哈姆雷特王子不一样。他是个学生、哲学家，还是一个情操高尚的恋人。在戏剧的前期，他处于一个极难应付的境地。一个形似他死去父亲的鬼魂声称自己是被现在的国王、亲兄弟克劳狄斯谋杀的，他想让哈姆雷特为他报仇。然而，虽然真相与哈姆雷特对克劳狄斯的怀疑一致，但根据鬼魂的要求来夺取他人性命，却让哈姆雷特严肃地停下来思考。这是一场复仇悲剧，曾经很受伊丽莎白一世和詹姆斯一世时代的观众欢迎。莎士比亚将其处理成了一部心理惊悚片。

哈姆雷特常常凝视着一个骷髅头思考，这一标志性的忧郁形象立刻营造出该剧黑暗、阴森的氛围。哈姆雷特为他的父亲感到悲伤，并且对他母亲与叔叔的迅速再婚感到厌恶。他认为这是一场乱伦也是对父亲的暗中背叛。克劳狄斯国王冷酷无情、野心勃勃，他也像哈姆雷特怀疑他一样怀疑哈姆雷特。很快哈姆雷特就开始戒备了。克劳狄斯想知道哈姆雷特对他的行为是出于对他父亲逝去的悲痛，还是其他原因。国王本人、他的顾问、哈姆雷特恋人奥菲莉亚以及哈姆雷特在学校的朋友罗森克兰茨和吉尔登斯特恩，甚至哈姆雷特的母亲，都忙于监视哈姆雷特并探索他的真实心态。

伦敦国家剧院演出的这部作品强调了这种持续性的监视，在遍布监控的英国引起了令人不安的共鸣。这部作品还强调了哈姆雷特为了保护自己而装疯，而奥菲莉亚最终是真的疯了。然而，克劳狄斯不会放弃他通过肮脏手段获得的东西，无论是王冠还是王后。他赶走哈姆雷特的伎俩变得更具威胁性，并证实了他的罪行。哈姆雷特越陷越深，逃避越来越困难。片刻的轻快使紧张气氛暂时缓和下来。哈姆雷特在掘墓人的场景中的敏捷机智和含糊其辞使我们痛苦地想象他是什么样的人，可能已经变成什么样的人。但是克劳狄斯太邪恶、太强大，哈姆雷特受了致命的伤害，最后变成了复仇者。

如今，这部复仇悲剧是最经常上演的莎士比亚戏剧之一，而哈姆雷特是演员梦寐以求的角色。

玛格丽特·乔利

古典文学影响

30秒钟剧本

本·琼森为《第一对开本》的献诗中说莎士比亚“不谙拉丁，更疏希腊”，但这与事实相去甚远。莎士比亚著作中展示了广泛的古典知识，包括奥维德的《变形记》、荷马的《伊利亚特》、维吉尔的《埃涅阿斯纪》、普鲁塔克的《希腊罗马名人传》、塞涅卡的《十部悲剧作品集》、李维的《罗马史》、普林尼的《自然史》、阿普列乌斯的《金驴记》、赫里奥多拉斯的《伊昔欧比亚人的故事》和泰伦斯的喜剧。学者们已经确定，大量莎士比亚借鉴过的古典文献，只有在稀有的拉丁或希腊版本中才能找到。普劳图斯的《孪生兄弟》和《安菲特律翁》影响了《错误的喜剧》，《冬天的故事》中的雕像场景结合了奥维德对皮格马利翁神话的叙述和欧里庇得斯的悲喜剧《阿尔刻提斯》。奥维德的《女杰书简》和《岁时记》、尤文纳尔的讽刺作品、柏拉图作品、亚里士多德作品、卢西恩的拉丁文译本和希腊文选被确定为莎士比亚作品来源，因此学者们断言莎士比亚阅读的拉丁文要多于现在大学里古典文学专业的学生。一些学者还认为，他的戏剧反映了与希腊古典戏剧的有趣相似之处，包括埃斯库罗斯的《奥瑞斯提亚》，索福克勒斯的《埃阿斯》和《俄狄浦斯》，欧里庇得斯的《俄瑞斯忒斯》《赫卡柏》和《海伦》以及阿里斯托芬的喜剧《鸟》。

3秒钟小结

莎士比亚受到各种各样古典文学的影响，既有拉丁文学也有希腊文学，包括史诗、戏剧、历史、讽刺作品和哲学作品。

3分钟谢幕

莎士比亚在其戏剧和诗歌中天衣无缝地融合了广泛的古典文学元素，《莎士比亚对古代遗产的使用》（1990年）的编辑们称之为“我们无法解释的奇迹”。尽管本·琼森的声明以及伦纳德·迪格斯为《第一对开本》写的诗中断言，莎士比亚没有从希腊文或拉丁文中借用哪怕“一个短语”，但大量证据表明，莎士比亚熟读经典著作，并掌握模仿经典情节、塑造戏剧人物和哲学的技巧。

相关话题

文本来源 8页

鬼魂 110页

3秒钟人物

托马斯·诺斯
THOMAS NORTH
1535—1604
普鲁塔克《希腊罗马名人传》的译者

阿瑟·戈尔丁
ARTHUR GOLDING
1536—1606
奥维德《变形记》的译者

托马斯·牛顿
THOMAS NEWTON
1542—1607
翻译兼诗人，编辑了塞涅卡的《十部悲剧作品集》

本文作者

玛格丽特·乔利
MARGRETHE JOLLY

莎士比亚作品中的旁征博引显示出他对荷马和欧里庇得斯等古典作家有很深的了解。

同时代影响

30秒钟剧本

3秒钟小结

由于早期的现代伦敦娱乐场所和观众的多样性，戏剧以一种前所未有的方式蓬勃发展。

3分钟谢幕

在伊丽莎白一世时代也有海外公司的记录。意大利剧团在温莎为女王表演了即兴喜剧中的“场景”。杜洛西亚诺是最著名的剧团“盖洛西”的团长，他甚至在“大斋节”期间得到了表演的特别许可。莎士比亚的许多戏剧，如《无事生非》甚至《奥赛罗》等悲剧，都展示了即兴喜剧在背景、情节和人物方面的影响。

戏剧表演是伊丽莎白一世时代伦敦生活的重要组成部分。戏剧在私人客栈的院子里上演，尤其是克莱肯威尔的红牛剧院。1576年，詹姆斯·伯比奇建造了第一座永久剧院（其名字就叫“剧院”，真是恰如其分），其他剧院也陆续建立。玫瑰剧院与天鹅剧院建于南岸。1599年，环球剧场也在南岸建造（由伯比奇原剧院的木材建造）。戏剧在宫廷、宫廷客栈和黑修士剧院等室内剧院上演。这些戏剧演员组织良好，享有贵族或皇室的赞助。剧作家们互相取长补短。一部受欢迎的戏剧面世之后会出现对其风格或主题进行明确模仿的戏剧。以托马斯·基德的《西班牙悲剧》为代表的复仇剧潮流，为《泰特斯·安德洛尼克斯》和《哈姆雷特》提供了灵感。对莎士比亚影响最大的剧作家是克里斯托弗·马洛，莎士比亚采用并改编了马洛的无韵诗，马洛在《帖木儿大帝》下卷中“续集”的发明启发了莎士比亚的多部亨利系列戏剧。莎士比亚的第一本出版物《维纳斯与阿多尼斯》是马洛的《海洛和利安得》风格的微型史诗。他最后一部伟大作品中的人物普洛斯彼罗是马洛创作的浮士德角色的翻版，这两位魔法师的名字都是“幸运”的意思。

相关话题

宗教与政治　6页
文本来源　8页
古典文学影响　12页

3秒钟人物

詹姆斯·伯比奇
JAMES BURBAGE
1530/5—1597
演员和剧院经理

托马斯·基德
THOMAS KYD
1558—1594
剧作家

克里斯托弗·马洛
CHRISTOPHER MARLOWE
1564—1593
诗人和剧作家

本文作者

罗斯·巴伯
ROS BARBER

剧院在伊丽莎白一世时代的伦敦蓬勃发展，新的舞台和戏剧作品不断涌现，克里斯托弗·马洛是一位有代表性的剧作家。

Convent Garden
The Strand
Strand
St Clement
Temple Barr
Fleete
Somerset Place
Arundel Place
The Temple
R I V E R T

十四行诗

30秒钟剧本

“我能否把你比作夏日？”这是莎士比亚十四行诗第十八首的第一句，首次于1609年出版。没有人知道这首十四行诗或其他154首十四行诗是写给谁的；猜测包括一位“黑女士”“美丽的青年”，很可能还有其他人，他们中的任何一位我们都无法确定。把十四行诗与莎士比亚已知生活中的任何事情（或任何人）联系起来显然不可能，因此一些学者认为十四行诗并不是自传。然而，这些诗洋溢着真挚的情感，感觉也不像是练笔。莎士比亚描述了他与一位不知名的爱人和一位“对手诗人”之间的三角关系，为降临到他身上的一些“羞耻”或“耻辱”而哀叹；在十四行诗第66首中，他甚至表现出了自杀的倾向：“厌倦了这一切，我为宁静的死亡而哭泣。”与他那个时代的习俗相反，他对“黑女士”十分无礼。无论这些人物是真实的还是虚构的，十四行诗都代表了一种伟大的诗歌成就，能够让莎士比亚充分发挥其趣味性（包括双关语）和意象。他为这种诗歌形式设定了新的标准，尤其是爱情十四行诗，以及一个新的标准押韵模式：莎士比亚十四行诗，abab/cdcd/efef/gg。

3秒钟小结

早在莎士比亚之前，意大利语和英语中就已经有十四行诗了，但莎士比亚的十四行诗独树一帜，形成了自己的风格。莎士比亚最受欢迎的作品就包括十四行诗。

3分钟谢幕

这是献给一位神秘的“W.H.先生”的，他到底是谁呢？猜测包括威廉·赫伯特，《第一对开本》是献给他的，还有亨利·里奥谢思利（WH反过来[㊀]），《维纳斯与阿多尼斯》是献给他的，但两位伯爵都不会被称为“先生”。是把作者写错了，其实是“W.SH”？或者他可以代表“他是谁”？这个谜团是奥斯卡·王尔德短篇小说《W.H.先生的画像》的主题。

相关话题

作者身份问题 18页
押韵 68页

3秒钟人物

亨利·里奥谢思利
HENRY WRIOTHESLEY
1573—1624
南安普顿伯爵三世

威廉·赫伯特
WILLIAM HERBERT
1580—1630
彭布罗克伯爵三世

奥斯卡·王尔德
OSCAR WILDE
1854—1900
作家

本文作者

罗斯·巴伯
ROS BARBER

有些十四行诗是写给一位神秘的“美丽的青年”和一位“黑女士”的。

㊀ 译者注：Henry Wriothesley的缩写是HW

SHAKE-SPEARES
SONNETS.

作者身份问题

30秒钟剧本

到19世纪50年代，人们已经找到所有与埃文河畔斯特拉特福德的威廉·莎士比亚有关的重要文献，而那段历史记录却平淡无奇。有些人发现与他生活有关的文件证据与他们对这位戏剧和诗歌作者的感觉完全不一致。迪莉雅·培根是第一个公开提出这个问题的人：莎士比亚真的是这些作品的作者吗？创造出了这么多坚强、受过教育的女性角色的作者，真的会让他的两个女儿都变成文盲吗？那个时代的其他主要作家都留下了一些痕迹，为什么莎士比亚的书信、书籍和手稿却没有流传下来？为什么他的遗嘱里没有提到任何与文学生活有关的东西，甚至连书架和书桌都没有？难道被我们奉为最伟大英国作家的人实际上是一个戏剧经纪人，还是其他作家或作家集团的“幌子”？大多数学者对“反斯特拉特福德主义者”持怀疑态度，但怀疑莎士比亚作者身份的人包括精神分析之父西格蒙德·弗洛伊德和哲学家弗里德里希·尼采。

3秒钟小结

莎士比亚的戏剧和诗歌是谁写的这重要吗？由于双方皆证据不足，这个谜可能永远无法解开。

3分钟谢幕

有关莎士比亚的证据缺乏到令人沮丧的地步，他的房客托马斯·格林就是一个很好的例子。从1603到1611年，格林和他的妻子住在莎士比亚位于斯特拉特福德的家中。格林是一名律师，也是一位出版过书的诗人和日记作者。然而，尽管他1609年住在莎士比亚的家里，正是莎士比亚的十四行诗出版的那一年，他日记中仅存的只言片语中只提到了与土地交易有关的“表兄莎士比亚”。

相关话题

生平与传说 4页
十四行诗 16页

3秒钟人物

迪莉娅·培根
DELIA BACON
1811—1859
《莎剧哲学揭秘》的作者

西格蒙德·弗洛伊德
SIGMUND FREUD
1856—1939
精神分析学创始人

弗里德里希·尼采
FRIEDRICH NIETZSCHE
1844—1900
德国哲学家和诗人

本文作者

罗斯·巴伯
ROS BARBER

弗朗西斯·培根、威廉·斯坦利、克里斯托弗·马洛、爱德华·德·维尔和玛丽·西德尼都被认为可能是莎士比亚作品的“作者”。

合著者身份

30秒钟剧本

早在1687年，评论家们就开始将与莎士比亚的天赋和善良温和性格不符的句子或整部作品归为出于其他作家之手。在莎士比亚的许多戏剧中都有迹象表明，有其他人参与合著、校订或提供额外的材料，有时是单独的台词，有时甚至是整个插入的场景。这种情况一般发生在早期和晚期的戏剧中。托马斯·米德尔顿被认为参与了《麦克白》《一报还一报》和《雅典的泰门》；约翰·弗莱彻可能参与了《亨利八世》；乔治·皮尔可能参与了《泰特斯·安德洛尼克斯》；也有迹象表明托马斯·纳什可能参与了《亨利六世》上篇。学者们使用各种各样的技术测试来确定究竟哪些是莎士比亚本人写的，包括稀有词使用、缩写、字长、每词音节、词性分布、开头、押韵的使用，散文中的无韵诗比例、有十一个音节的句子、拉丁语派生词和许多其他复杂技术。然而，没有任何研究能证明莎士比亚是否自愿与人合著，只能证明其他作者可能参与了文本的写作。

3秒钟小结

因为莎士比亚的作品经过了编辑、重写、剪辑和现代化处理，成千上万的编辑、演员和导演都可以被视为莎士比亚的“合著者”。

3分钟谢幕

关于作者身份不明的戏剧《爱德华三世》合著者身份的研究“证明”可能有以下结果：作者是乔治·皮尔一人；是克里斯托弗·马洛、乔治·皮尔、罗伯特·格林和托马斯·基德；是托马斯·基德；是迈克尔·德雷顿；是罗伯特·威尔逊；是威廉·莎士比亚；是莎士比亚和一个身份不详的人；是莎士比亚和马洛；是莎士比亚和其他几个人，但不包括马洛；莎士比亚写了60%，基德写了40%。

相关话题

同时代影响　14页
作者身份问题　18页
伪书　136页

3秒钟人物

乔治·皮尔
GEORGE PEELE
1556—1596
伊丽莎白一世时代的剧作家

托马斯·纳什
THOMAS NASHE
1567—1601
伊丽莎白一世时代的讽刺作家

托马斯·米德尔顿
THOMAS MIDDLETON
1580—1627
詹姆斯一世时代的诗人和剧作家

本文作者

罗宾·威廉姆斯
ROBIN WILLIAMS

有人认为托马斯·米德尔顿和约翰·弗莱彻是莎士比亚的两位“合著者”。

主题

主题

术语

亚登森林　《皆大欢喜》中老公爵和他的追随者们被流放的森林的名字。在莎士比亚的家乡沃里克郡，有一片亚登森林，但该剧的背景来自于原著故事的背景：法国的阿登高地。

波西米亚　一个古中欧地名，位于现在包括布拉格在内的捷克共和国境内。

苔丝狄蒙娜　莎士比亚悲剧《奥赛罗》中的女主人公，奥赛罗的妻子。

戏剧性讽示　一种起源于希腊戏剧的文学手法，剧中人物自己并不了解角色的语言和行为的全部意义，但观众却很清楚。

埃塞克斯叛乱　埃塞克斯伯爵二世罗伯特·德弗罗试图与女王伊丽莎白一世对话（抗议她对待他的方式包括软禁），他带着200名追随者来到她的宫廷，其中很多人都带着武器，这个行为被称为埃塞克斯叛乱。他后来被处决。

福斯塔夫　《亨利四世》上篇的主要喜剧人物；一个胆小、寻欢作乐的骑士，带哈尔王子误入歧途。他在《亨利四世》下篇中有一个小角色（哈尔拒绝了他），并再次出现在喜剧《温莎的风流娘儿们》中。

历史剧　根据真实历史事件改编的戏剧。

伊阿古　莎士比亚《奥赛罗》中的一个反面角色，奥赛罗的旗官，使奥赛罗相信他的妻子苔丝狄蒙娜对他不忠。

隐喻　一种修辞方式，说A是B，从而将A直接比作B，例如：“人生不过是一个行走的影子”。

摩尔人　在莎士比亚时代，“摩尔人”通常是指北非以哈萨尼亚阿拉伯语为母语的人。

奥赛罗　莎士比亚最著名的悲剧之一，也是其主人公的名字。

金雀花家族　从1154年亨利二世即位到1485年理查三世去世，金雀花家族（原籍法国）一直统治着英国，后来被都铎王朝取而代之。

问题剧　莎士比亚的“问题剧”是指在心理剧和轻喜剧之间发生激烈转变的戏剧。它最初应用于《终成眷属》《一报还一报》《特洛伊罗斯与克瑞西达》，后来又扩展应用到《冬天的故事》和《雅典的泰门》。

诽谤　损害个人名誉的虚假口头陈述。

星室法院　英国法院由枢密院议员（女王的顾问）和法官组成，位于威斯敏斯特宫。秘密举行听证会，没有证人。

继承　王位继承指一个君主接任另一个君主的行为。

四部曲　分为四部分的作品（三部曲是分为三部分的作品）。

篡权　非法或以武力取代某人的权力地位。

政治交接

30秒钟剧本

政治交接是16世纪末的一个敏感话题。英国女王伊丽莎白一世终身未婚，没有子嗣，王位继承成了一个热门但被禁止的话题。约翰•斯塔布斯因为写了一本反对女王婚姻的小册子，被砍掉了右手（他说，女王今年46岁，已经不能生育了）。他的命运是一个明确的警告，不要直接写王位继承的事。但是历史剧被证明是一个更安全的渠道，莎士比亚通过他的历史剧一次又一次地探讨政治交接时期的话题。将历史改编成剧，比记录历史要安全得多。与莎士比亚所著的《理查二世》相同题材的历史专著的作者约翰·海沃德在星室法庭遭到起诉，并被捕入狱。相比之下，莎士比亚则自由地探索君主政体的权利、权力和义务，并反复聚焦权力的转移。在《亨利六世》的剧作中，莎士比亚警告了内战可能带来的痛苦后果，包括儿子不小心杀死父亲或父亲不小心杀死儿子。而就在半个世纪后，莎士比亚剧团的赞助人查理一世国王之子，傲慢的詹姆斯一世国王让英国再次陷入内战，剧院关闭了近20年。

3秒钟小结

历史剧为莎士比亚探索王位继承以及统治者和被统治者之间关系的危险主题，提供了一个安全的媒介。

3分钟谢幕

1601年埃塞克斯叛乱前夕，埃塞克斯伯爵的追随者付给莎士比亚的剧团40先令，让他们上台表演《理查二世》。伊丽莎白一世对她的档案保管员说："我就是理查二世，你不知道吗？"埃塞克斯和他的许多追随者被处死。莎士比亚的剧团被叫去解释，但莎士比亚没有出现，而且与约翰·海沃德不同，他从未受到惩罚。

相关话题

宗教与政治　6页
篡权　28页

3秒钟人物

约翰·斯塔布斯
JOHN STUBBS
1543—1591
小册子的作者

约翰·海沃德
JOHN HAYWARD
1564—1627
《亨利四世的生命与统治》的作者

罗伯特·德弗罗
ROBERT DEVEREUX
1565—1601
埃塞克斯伯爵二世

本文作者

罗斯·巴伯
ROS BARBER

写当代政治太冒险了，所以莎士比亚转向用历史剧来探索王位继承的主题。

篡权

30秒钟剧本

3秒钟小结

莎士比亚的许多历史剧和悲剧，甚至一些喜剧，都是有关非法或通过武力获得权力的故事。

3分钟谢幕

莎士比亚经常用“篡夺”这个词做比喻。在《亨利六世》上篇中，塔尔博特说，他不过是篡夺了骑士的神圣称谓。在《终成眷属》中，勃特拉姆说胆小的士兵帕洛“躺”在脚镣上，“他的脚后跟长时间里篡夺了他的马刺，活该。”李尔王去世的时候，肯特说：“他活了这么久才是一件奇事，他只是篡夺了他的生命。”

莎士比亚对篡位者的兴趣始于英国历史。在他早期的四部曲中，亨利六世被约克公爵和杰克·凯德指控为篡位者，因为他的祖父亨利四世（在后来的《四部曲》中出现）从理查二世手中夺走了王位。亨利六世被约克公爵爱德华篡位，而他的儿子又被理查三世篡位。《麦克白》的故事的关键情节是邓肯国王的王位被篡夺。约翰王是另一个篡位者。在这些戏剧中，不仅贵族被篡夺：一个请愿者抗议说，约翰·古德曼把“我的房子、我的土地、我的妻子和所有的一切都从我这里夺走了”。但是莎士比亚的篡位主题延伸到了英国历史的情节之外。在《皆大欢喜》中，老公爵被他的兄弟弗雷德里克篡位后，就住在森林里。在《暴风雨》中，篡夺皇位的安东尼奥不仅非法篡夺了普洛斯彼罗的米兰公爵之位，而且还劝说西巴斯辛杀害他的弟弟阿隆索国王并篡夺王位。《哈姆雷特》的导火索是克劳狄斯篡夺了他哥哥的王位和妻子。莎士比亚甚至在霍拉旭质问死去国王的鬼魂时也在使用这个词：“你是什么东西，竟敢在夜里这个时候篡夺王位？”卢西亚努斯在剧中扮演了杀害贡扎戈的凶手，意图“抓住国王”，并指出毒药“马上夺走有益健康的生命”。

相关话题

《哈姆雷特》 11页

政治交接 26页

诬告 30页

《麦克白》 93页

3秒钟人物

麦克白

MAC BETHAD MAC FINDLAÍCH, OR MACBETH

1005—1057

苏格兰国王

国王亨利四世

KING HENRY IV

1367—1413

英格兰国王

理查三世

RICHARD III

1452—1485

金雀花王朝最后一位英格兰国王

本文作者

罗斯·巴伯

ROS BARBER

理查二世之死是莎士比亚戏剧中众多血腥篡权故事情节之一。

诬告

30秒钟剧本

在莎士比亚的戏剧中，一个可敬的人受到诽谤或诬告的主题反复出现。对女人来说，诽谤总是针对她们的贞节和忠诚。在《无事生非》中，唐·约翰使克劳狄奥相信他的未婚妻希罗对他不忠。在她结婚那天被公开揭发后，她晕倒在地，人们认为她“被诽谤致死”。在《冬天的故事》中，里昂提斯公开指责妻子赫米温妮不忠。他们的儿子马米留斯因为这些指控日渐憔悴，最终死去，他们的小女儿在流放中长大，受虐待的妻子假装死去长达16年。在《辛白林》中，阿埃基摩让波塞摩斯相信他引诱了伊摩琴，波塞摩斯派一个仆人去杀她。所有这些女人都很幸运，没有因为诽谤殒命，而《奥赛罗》中的苔丝狄蒙娜就没那么幸运了。男人受到的诬告都与荣誉和权力有关。在《李尔王》中，葛罗斯特的私生子埃德蒙骗他的父亲，让他以为自己的儿子埃德加正计划杀死他。埃德加失去了一切，包括他的名字，但仍旧为失明的父亲带路并防止他自杀。《理查二世》一开始就是莫布雷和波林勃洛克互相指责，都声称对方是诬告。波林勃洛克恢复名誉的方法之一就是废黜国王。

3秒钟小结

对莎士比亚来说，诽谤是推动情节发展的重要工具。在喜剧中，真理和荣誉往往取得胜利，但诬告也会导致悲剧和死亡。

3分钟谢幕

“诽谤”这个词在莎士比亚的作品中出现了近100次，而且不仅在戏剧中出现。在十四行诗中，有一句是“少女的贞操被粗暴地玷污，严肃的正义被人非法地诟讧”（第66首），另一个有关诽谤的名言是“你受人指摘，并不是你的瑕疵”（第70首）。莎士比亚谈到“许多留在我身上的瑕疵”（第36首）和“蒙羞”（第29首），得出结论“宁可卑劣，也不愿负卑劣的虚名”（第121首）。

相关话题

篡权　28页
《奥赛罗》　33页
声誉　38页

本文作者

罗斯·巴伯
ROS BARBER

《奥赛罗》中，伊阿古对苔丝狄蒙娜的污蔑导致其不幸被奥赛罗杀害。

经典剧作专题：《奥赛罗》

OTHELLO

尽管略有瑕疵，你仍是一位德高望重的将军。你娶了苔丝狄蒙娜，一个比你年轻得多的漂亮姑娘，却没有征得她父亲的同意。她父亲不喜欢你，因为你是一个摩尔人，一个黑人，与他们不属于同一文化和阶级。当他指责你蛊惑她嫁给你时，你的妻子公开为你辩护。她是一个了解自己想法并付诸行动的年轻女人。然后，你信任的少尉伊阿古告诉你苔丝狄蒙娜和比你年轻又温文尔雅的中尉卡西奥私通。你相信他吗？你需要多少证据？

在《奥赛罗》中，莎士比亚探讨了嫉妒和复仇是如何运作的。伊阿古开始了他的阴谋，抹黑苔丝狄蒙娜，以报复奥赛罗率先提拔卡西奥，他后来还说这样做的原因还包括他认为奥赛罗和他的妻子埃米莉亚上过床。在伊阿古的怂恿下，奥赛罗从极度信任他的妻子到疯狂嫉妒并谋杀她的转变速度让很多人困惑不已。伊阿古在很大程度上利用了奥赛罗自身在年龄和差异上的不安全感，但这也许还不够。正如奥赛罗指出的，他的妻子在选择他的时候“有眼光”。有些人把伊阿古看作是一个魔鬼，陶醉于他所引起的痛苦和恶作剧，把奥赛罗从天堂（恋爱）带到地狱（谋杀、自杀）。对另一些人来说，苔丝狄蒙娜的轻浮、固执己见和直言不讳也为伊阿古的旁敲侧击和对人物和证据的精心处理提供了辅助，因为在当时的社会，女性的沉默与贞操同样重要。奥赛罗的嫉妒心达到了疯狂的程度，他扼死了妻子。在她短暂苏醒的时间里，她把自己的死亡归咎于自己，随后香消玉殒。这是对奥赛罗最后一次尽职尽责的忠诚，还是对生活在要求服从父亲、保持沉默的社会中，依然在公众场合直言不讳、独立自主的年轻女性的戏剧性警告？埃米莉亚因为公开反对她丈夫的恶行而死去，却并没有解决苔丝狄蒙娜的自责所引起的问题。

识破伊阿古的诡计后，奥赛罗把自己比作他前往塞浦路斯与之作战的土耳其敌军（塞浦路斯是该剧大部分情节的背景），然后他自杀了。虽然该剧让我们思考种族、性别、阶级和爱情等问题，但奥赛罗最后的言语和行动让我们对彼此的了解程度产生了疑问。

杰西卡·戴森

复活

30秒钟剧本

无论莎士比亚对复活的热爱是受到核心启发，还是仅仅因为它是一种可以驱动喜剧和悲剧的强大戏剧手段，这位剧作家都喜欢让人起死回生。在他的18部戏剧中，有33个角色被误以为死亡，从几秒钟到几乎整场戏。亨利四世、克莉奥佩特拉和苔丝狄蒙娜几个人的复活以失败告终，而《暴风雨》的关键人物，包括普洛斯彼罗、米兰达、斐迪南和阿隆索，直到剧终都被（剧中人）认为已经死了。被人以为在海中溺亡是最终得以复活最常见的原因：除了《暴风雨》《第十二夜》《错误的喜剧》和《泰尔亲王配力克里斯》，所有的情节都涉及非致命性溺水。有几个角色假装死去，通常是为了摆脱麻烦：《皆大欢喜》里的希罗，《终成眷属》里的海丽娜，《辛白林》里的伊摩琴，《一报还一报》里的克劳狄奥和《亨利四世》里的福斯塔夫。朱丽叶为了逃避与帕里斯的婚姻而假死，结果罗密欧不幸自杀。但更多的复活场景标志着双胞胎、家庭成员团聚的喜剧结局。

3秒钟小结

早在僵尸和吸血鬼盛行之前，莎士比亚就已经让"活死人"的故事广为流传。

3分钟谢幕

在《冬天的故事》结尾，赫米温妮从栩栩如生的雕像中复活，被视为莎士比亚最惊人的场景之一。16年前，在因通奸和叛国罪受审时，赫米温妮被认为死于悲伤过度，她的重生可以被解读为奇迹，也可以被解读为诡计。《冬天的故事》取材于罗伯特·格林的《潘多斯托》，但《潘多斯托》并没有复活这个情节；莎士比亚把一个快乐的结局拼接到这个悲剧上，使它成为一个"问题剧"。

相关话题

错误身份　36页
伊丽莎白一世时代的魔法　106页
魔咒和药水　118页

3秒钟人物

约翰·奥德卡索爵士
SIR JOHN OLDCASTLE
未知—1417
福斯塔夫原型的名字

罗伯特·格林
ROBERT GREENE
1558—1592
剧作家和早期小说家

本文作者

罗斯·巴伯
ROS BARBER

赫米温妮从雕像中复活；还有一些角色被认为在海上失踪，或者用毒药来假装死亡。

错误身份

30秒钟剧本

莎士比亚的戏剧经常出现一个人被误认为是另一个人的情节。有时是偶然的:《错误的喜剧》中有两对名字一模一样的双胞胎，这真是难以置信。更多情况下，误会是由于伪装。《第十二夜》中薇奥拉女扮男装，化名西萨里奥，被误认为是她的孪生兄弟塞巴斯蒂安。在《皆大欢喜》中，罗瑟琳伪装成一个男人，却没有被声称爱她的奥兰多认出来。《威尼斯商人》中，鲍西亚为了救她丈夫的朋友而伪装成一名“法律博士”。在一个双重身份错误的案例中，《辛白林》的伊摩琴（伪装成一个男孩）以为无头尸体是她的丈夫，生前意欲强奸她。在《温莎的风流娘儿们》中，福斯塔夫把自己打扮成一个逃避嫉妒心重的丈夫的女人。而史兰德法官和凯易斯大夫都误把年轻男孩当成了自己心仪的女性而私奔。错误的身份常常驱动喜剧，但它在悲剧中创造了辛酸。在《李尔王》中，埃德加伪装成汤姆，并没有被李尔王、李尔王的弄人和他失明的父亲葛罗斯特认出来。在《裘力斯·凯撒》中，暴民们误把诗人西那当成了阴谋者西那。当哈姆雷特刺向奥菲莉亚的父亲波洛涅斯，以为他要杀死克劳狄斯，便播下了自己死亡的种子。

3秒钟小结

由于错误的身份而产生的喜剧和正剧，迫使我们考虑我们日常扮演的角色到底哪些是现实的、哪些是想象的。

3分钟谢幕

在《一报还一报》中，玛丽安娜的嫁妆在海上丢失，因此安哲鲁拒绝履行与她订婚的诺言，转而追求伊莎贝拉；伊莎贝拉同意后却让玛丽安娜代替她。在《终成眷属》中，勃特拉姆在不知情的情况下被迫与海丽娜结婚。

相关话题

篡权 28页
坚强的女性 96页

本文作者

罗斯·巴伯
ROS BARBER

异装和同卵双胞胎是莎士比亚喜剧中常见的情节手法。

声誉

30秒钟剧本

莎士比亚对声誉的力量很感兴趣——它如何使人们对他人做出反应，名誉对后代来说有多重要。在他的剧作中，“虚名”来之不易，却很容易失去。奥赛罗的中尉卡西奥只有一次被人发现醉酒打架，便悲叹自己失去了好名声。他认为声誉是自己“不朽的一部分”，是一种生活在他肉体之外的身份。对另一些人来说，声誉是身份更直接的标志。在《安东尼与克莉奥佩特拉》中，安东尼在他对克莉奥佩特拉的爱中纠结着自己的身份问题，试图通过声誉来恢复他日渐衰落的权威，声称“我还是安东尼！”《亨利六世》中的塔尔博特让人闻风丧胆，光喊他的名字便是一种有效的武器。在《亨利四世》中，霍茨波“骁勇善战”的军事名声让国王希望自己的儿子哈尔王子在出生时就被交换了，因为哈尔只有放荡的名声。贞洁声誉受到污蔑给女性角色带来了严重的困难，像《辛白林》中的伊摩琴和《无事生非》中的希罗受到失去配偶的威胁，经受着严峻的考验，直到证明诽谤毫无根据。观众往往处于一种特殊的地位，听到的是声誉，看到的却是真相，这使得莎士比亚能够通过戏剧性讽示来制造紧张。

3秒钟小结

利用声誉的概念，莎士比亚可以探索信任的关系，以及内在和构建身份的概念。

3分钟谢幕

尽管角色首先被观众了解的就是其声誉，但莎士比亚通过声誉对性格和身份的探索不局限于性格和身份的匹配。哈尔王子故意培养一个坏名声，这样当他成为国王时，他的真实自我就会显得好多了，而正是诡诈的伊阿古“诚实”的名声，能够让他引发奥赛罗疯狂的嫉妒。

相关话题

诬告 30页
《奥赛罗》 33页
战士 90页

3秒钟人物

亨利·珀西爵士（霍茨波）
SIR HENRY PERCY（HOTSPUR）
1364—1403
英国贵族，领导了反对国王亨利四世的起义

约翰·塔尔博特
JOHN TALBOT
1387—1453
什鲁斯伯里伯爵一世

本文作者

杰西卡·戴森
JESSICA DYSON

莎士比亚探讨了声誉以及声誉的丧失对其角色身份的重要性。

流放

30秒钟剧本

莎士比亚作品中有20多个人物被流放；有些人，如《暴风雨》中的普洛斯彼罗和米兰达从一开始就被流放，其他人如《维洛那二绅士》中的凡伦丁在剧情中间被流放。莎士比亚在《理查二世》和《罗密欧与朱丽叶》中详细探讨了流亡的痛苦。托马斯·莫布雷惊恐地发现自己已经不能使用他的母语英语了，他说“现在对我来说，舌头不过是没了弦的六弦提琴或竖琴”；当有人告诉罗密欧他从维洛那被流放，他告诉劳伦斯神父“说仁慈一点，就是死”。流放被视为一种严厉的惩罚，莎士比亚笔下的男女主人公常常遭遇不公，面临流放的厄运。《李尔王》中的肯特因为是李尔王臣子中唯一准备告诉他真相的人而被流放；《辛白林》中的波塞摩斯因为爱伊摩琴而被流放；《冬天的故事》里的潘狄塔，还只是个婴儿的时候便被送到波西米亚海岸，并在流放中长大，原因是她的母亲被人诬告通奸。但是一些流亡者收获了喜悦。潘狄塔在波希米亚遇到了爱情。按照《皆大欢喜》中老公爵的说法，流放到亚登森林“比互相猜忌的朝廷更为安全”。“一石之微，也暗寓着教训。每一件事物中间，都可以找到些益处来。我不愿改变这种生活。”

3秒钟小结

莎士比亚对流放的剧情很着迷，这种情节要么导致复仇和悲剧，要么让流放者在田园嬉戏，从流放中获得喜悦。

3分钟谢幕

在《亨利四世》上篇中，福斯塔夫在一幕中恳求哈尔王子（哈尔扮演他的父亲）不要流放他：“放逐胖胖的杰克，就是放逐全世界。”但在《亨利四世》下篇的最后一幕中，成为国王的哈尔把福斯塔夫放逐到离他十英里远的地方，说“我已经与以前的自己决裂了”。哈尔进出伦敦东区下层社会就像其他戏剧中流亡在外的田园生活一样。

相关话题

文本来源 8页
诬告 30页
声誉 38页

本文作者

罗斯·巴伯
ROS BARBER

放逐和流放是莎士比亚戏剧中的常见主题。在《暴风雨》中普洛斯彼罗和米兰达就被迫流放。

知识

知识
术语

炼金术 一种早期的化学，致力于将物质相互转化，尤其侧重于将贱金属变成黄金或制造使人长生不老的药剂。

寓言 一个有意义的故事或诗歌，可以更广泛地用于揭示人类存在的真相，或以一种隐蔽的形式讲述另一个故事。

典故 间接引用，旨在不明确提及某事，却使人想起它。

杜撰的 尽管作为故事流传，但真实性值得怀疑。

巴巴里 北非地中海沿岸的一个地区。

波西米亚 中欧的地名，位于包括布拉格在内的现在的捷克共和国境内。

科迪莉亚 李尔王的小女儿。

科林斯 科林斯地峡上的一个古老城邦，与伯罗奔尼撒群岛连接希腊本土。

《出埃及记》 《旧约全书》第二卷，摩西带领犹太人离开埃及，寻找应许之地，分开红海，接受十诫。

四种体液 根据在伊丽莎白一世时代的英格兰仍然流行的古希腊医学体系，人们认为身体的四种液体需要平衡才能保持健康。四种体液（和气质）是血液（血液质）、黄胆（胆液质）、黑胆（黑胆质）和黏液（黏液质）。

《创世纪》 《旧约全书》第一卷，上帝在六天内创造了世界（包括亚当和夏娃）。

高纳里尔 李尔王恶毒的大女儿。

历史剧 根据真实历史事件改编的戏剧。

李尔王 莎士比亚最成功的悲剧之一，也是其主人公的名字。

黎凡特 地中海东岸，现在包括塞浦路斯、以色列、约旦、黎巴嫩、巴勒斯坦、叙利亚和土耳其南部的一部分。

马其顿 巴尔干半岛的一个古代国家位于阿尔巴尼亚、保加利亚和希腊之间。

生理学 生命系统功能的科学研究。

里根 李尔王恶毒的二女儿。

文艺复兴 源自“重生”这个词，14~17世纪的一场始于意大利的文化运动，在古典（即古罗马和希腊）模式的基础上，孕育了知识和文学艺术的繁荣。

莎士比亚全集 莎士比亚的全部文学和戏剧作品（诗歌和戏剧）。

都铎王朝 从1485年亨利七世即位到1603年伊丽莎白一世去世，都铎家族一直统治着英国。

语言和词汇

30秒钟剧本

伊丽莎白一世时代的伦敦是一个国际大都市，到处都是外国商人和使节。莎士比亚的戏剧反映了他乐于接触和借鉴其他文化和语言。他在拉丁语、意大利语和法语，也许还有希腊语和西班牙语方面究竟有多精通，目前还不得而知，但这些语言是戏剧背景、人物名称和词汇的重要来源。例如，莎士比亚给我们提供了文化特有名词，如《哈姆雷特》中的“高底鞋”（一种意大利鞋，能让穿者增高1.5英尺，约50厘米），大胆创新的超长单词如honorificabilitudinitatibus（不胜光荣），和《爱的徒劳》中一堂模拟的拉丁课。他甚至可能是第一个使用“franglais”（法语和英语的混合）的人——在《亨利五世》中，法国公主正在学习英语：“le col, de nick”（脖子），“le menton, de sin”（下巴）。莎士比亚的词汇量是否如有些人所说的那样非凡？学者沃德·E·Y·艾略特和罗伯特·J·瓦恩扎最近的研究表明，莎士比亚在戏剧和诗歌中使用了大约3万个不同的单词，他掌握的单词很可能还要多一倍，总词汇量接近于一个受过现代教育的人的所有词汇量。莎士比亚的语言让我们印象深刻，因为他的话题范围广，容易被理解，表达新鲜。

3秒钟小结

莎士比亚陶醉于文艺复兴时期的语言财富，但也重视本土英语。比如福斯塔夫在辱骂哈尔王子时形容他为“干瘪的腌鱼”。

3分钟谢幕

莎士比亚时刻警惕词汇的模糊性和潜在的可能性。他可以在马克·安东尼的著名演讲中使用正式的拉丁词，比如“尊贵的”和“雄心勃勃的”。当罗密欧听到受了致命伤的茂丘西奥说“要是你明天找我，就到坟墓里来看我吧[㊀]”时，莎士比亚又一次使用了双关语。

相关话题

文本来源 8页
地理 58页
措辞 72页

本文作者

玛格丽特·乔利
MARGRETHE JOLLY

莎士比亚剧中的语言反映了伊丽莎白一世时代伦敦这一大都市的国际化构成。

㊀ 译者注：原文是a grave man，grave同时有“坟墓”和“严肃的”的意思，在这里是双关语，可以理解为“我要死了，我也将成为一个严肃的人，不会再开玩笑了”。

chopines
le col, de nick
e menton, de sin
honourable
stock-fish
honorificabilitudinitatibus

圣经典故

30秒钟剧本

3秒钟小结

莎士比亚毫不费力地把古希腊、罗马和凯尔特神话中的众神融入圣经典故之中。

3分钟谢幕

关于莎士比亚的宗教信仰，通过他的作品中的线索可以推测出不同的结果：他可能是一个秘密的天主教徒；不喜欢天主教徒；是犹太人；有耶稣会的倾向；是一个合格的圣公会基督徒或新时代的人文主义者；对佛教感兴趣；或者没有任何宗教信仰。他的典故提供了圣经的新教和天主教版本的文字呼应，还包括与这两种神学相冲突的哲学思想，因此他的个人信仰很难推测。

在莎士比亚时代，《圣经》具有强大的文化影响力。学者们在他的戏剧中发现了2000多处不同程度上呼应圣经的典故。比较明显的引用常常模棱两可，而且常常有挑衅性。在《理查二世》中，波林勃洛克声称一个被谋杀的人的血从地面召唤他，就像《创世纪》中亚伯的血召唤上帝一样，我们该如何理解他把自己比作上帝？当恶人伊阿古宣称，“我不是你们看到的我”时，颠倒了《出埃及记》中神对摩西说的“我是自有永有的㊀”，有什么含义吗？理查三世吹嘘说他“用从《圣经》里偷来的奇怪旧东西来掩盖他赤裸裸的邪恶”，这是否暗示了宗教和权力腐败之间的联系？莎士比亚希望读者熟悉《圣经》，就像《威尼斯商人》中提到的“两个丹尼尔”，要理解“第二个丹尼尔”就需要背景知识。有人说《暴风雨》是《创世纪》的寓言，也有人说它是《启示录》的寓言。圣经典故中可能存在的多种解释非常值得深入研究探讨。

相关话题

宗教与政治　6页

复活　34页

鬼魂　110页

3秒钟人物

威廉·廷代尔
WILLIAM TYNDALE
约1494—1536

1526年用英文印刷了第一份新约。后来在安特卫普被绑在火刑柱上烧死

本文作者

罗宾·威廉姆斯
ROBIN WILLIAMS

莎士比亚的著作经常提到《圣经》。

㊀ 译者注：伊阿古的台词I am not what I am与《创世纪》中神说的I am that I am刚好相反。

THE BIBLE
AND
HOLY SCRIPT
CONTEYNET
THE OLDE AND N
Testament.
TRANSLATED A
ding to the Ebrue and Greke, and co
the best translations in diuers langages.

医学

30秒钟剧本

医生和文学学者早就认识到莎士比亚作品中蕴含了非凡的医学知识。研究证实，莎士比亚熟悉当时的医学实践和资料，包括解剖学、生理学、外科、传染病学、心理学和希波克拉底方法等方面的书籍。莎士比亚的医学智慧是值得注意的，但与其他剧作家的不同之处在于，他对医生的戏剧角色表现出了钦佩和同情。《英国医学杂志》说“他爱他们，他博大的胸怀让他看到了医学目标的崇高”。《泰尔亲王佩里克里斯》中的萨利蒙勋爵和《终成眷属》中的海丽娜拥有近乎神奇的治疗能力，而《罗密欧与朱丽叶》中的劳伦斯神父和《辛白林》里的考尼律斯则能够调制出让生命暂停的药剂。只有在《错误的喜剧》和《温莎的风流娘儿们》中，莎士比亚采用伊丽莎白一世时代其他剧作家惯用的手法，对平奇医生和凯易斯医生加以讽刺。在莎士比亚戏剧中已经发现了超过700处医学典故，许多涉及盖伦的四种体液学说，以及一系列广泛的临床学科，包括神经病学、精神病学、毒理学、顺势疗法和法医学。

3秒钟小结

莎士比亚戏剧中展现的医学知识的深度和医生的良好形象是独一无二的，一个多世纪以来一直吸引着医生和学者。

3分钟谢幕

莎士比亚使用医学意象的次数远远超过同时代人，对医学术语的使用恰如其分，书中有关临床描述的丰富性无出其右。在《莎士比亚笔下的疯子》（1867年）一书中，精神病学家约翰·查尔斯·巴克尼尔评论道：“从莎士比亚所赋予的角色数量，以及他在这一主题上所写的文章来看，精神状态异常是他最喜欢研究的课题。”

相关话题

文本来源　8页
复活　34页
魔咒和药水　118页

3秒钟人物

托马斯·埃利奥特
THOMAS ELYOT
1490—1546
医生，《健康城堡》的作者

托马斯·维卡里
THOMAS VICARY
1490—1561
医生，《人体解剖学》的作者

乔治·贝克
GEORGE BAKER
1540—1600
外科医生，《健康的新成就》的作者

本文作者

厄尔·肖尔曼
EARL SHOWERMAN

莎士比亚的戏剧表现出对医学的深刻理解，但他是如何获得医学知识的依旧是个谜。

经典剧作专题：《李尔王》

KING LEAR

《李尔王》的开头是一部历史剧和民间故事不和谐的融合，但最终以莎士比亚作品中最凄凉的悲剧结局收场。老李尔王决定退位并把王国分给孩子们，似乎这一行动从一开始就会被国王的女婿奥尔巴尼公爵和康沃尔公爵之间的争斗所主导。李尔王随后对他的三个女儿高纳里尔、里根和科迪莉亚进行了爱的测试。他赶走了最年轻、最可爱、最诚实的科迪莉亚，因为她不会假惺惺地奉承父亲。和所有的故事一样，李尔王的虚荣和愚蠢必须得到惩罚，然后才能实现爱的团聚。但李尔王的问题“你们中间哪个最爱我？”释放出的力量势不可挡，最终导致王国被毁灭——疯狂、野蛮、内战和入侵接踵而至，善良的人、邪恶的人、愚蠢的人都遭受痛苦并死去。

需求、必要之物和过度索取支配着这出戏。李尔王需要知道他被爱着，但他却徒劳地认为爱是可以衡量的。他愚蠢地认为甜言蜜语等同于真实的情感，而并没有意识到什么都不说并不意味着没有感情。代表李尔王王者威严的华丽长袍和正式的宫廷礼仪被剥去，暴露出赤裸裸的人性。李尔王发疯了，把他所认识的人和所爱的人都拒之门外。他对狂风暴雨怒不可遏，暴风雨使他内心的纠结困惑得以显现，并了解了自己的人性需求。在他的弄人、仆人、乞丐和盲人的陪伴下，他感受到了疏远、孤立、痛苦和排斥。在李尔王的女儿高纳里尔和里根身上，人性展现出贪婪、残忍和复仇的一面。她们背叛了父亲，也背叛了彼此，李尔王引发的悲剧由她们二人完成了破坏性收场。此外，莎士比亚还描写了另一条故事线，另一位父亲葛罗斯特和他的两个儿子埃德蒙和埃德加。随着“私生子”埃德蒙密谋陷害“嫡生子”埃德加，另一个家庭被摧毁。在莎士比亚笔下最可怕的场景之一中，葛罗斯特不幸失明。

科迪莉亚和李尔王渴望已久的爱的团聚确实到来了，但《李尔王》并没有幸福的结局。在这部包罗万象的悲剧中，纳厄姆·塔特想要阻止苦难的浪潮，于是他在1681年给了这部悲剧一个圆满的结局——李尔王活了下来，科迪莉亚和埃德加喜结连理。塔特的版本一直上演到1838年，直到莎士比亚的原作被重新搬上舞台。

林恩·罗布森

法律

30秒钟剧本

关于莎士比亚对法律知识的掌握程度是普通的还是专业的，评论家们意见不一。然而，有时莎士比亚确实对法律事务表现出非凡的洞察力。在《哈姆雷特》中，掘墓人对能否用基督葬礼埋葬跳河溺死的奥菲莉亚提出质疑，当时自杀的人不能被埋葬在“圣地”。掘墓人对此争论不休，是奥菲莉亚下了水呢，还是水来到了她身边，因为如果是后者，她就没有淹死自己。他的辩论巧妙地呼应了1560年黑尔斯诉佩蒂特一案的实际法律案例，这可是专业知识。更广为人知的是，《威尼斯商人》中的夏洛克要求用一磅安东尼奥的肉来支付他的保证金。他的要求得到了准许，但前提是他不让安东尼奥流一滴血。这可能只是一个语言上的吹毛求疵，却救了安东尼奥的命。在《一报还一报》中，安哲鲁提出了一个离谱的建议——如果见习修女伊莎贝拉同意与他在一起，他便饶她的弟弟克劳狄奥一命。这是在滥用安哲鲁的权威和法律，他理应为此付出代价。在《亨利六世》第二部中，屠夫迪克说：“让我们杀了所有的律师吧。”对莎士比亚来说，法律及其术语是他戏剧中不可或缺的一部分。

3秒钟小结

为了达到喜剧、道德和戏剧效果，莎士比亚自如地使用法律用语、代表法律的人，甚至审判场景。

3分钟谢幕

爱德蒙·马龙怀疑莎士比亚是否是律师的书记员，但没有人找到支持证据。当然，威廉·莎士比亚在生活中也有打官司的时候，他曾在斯特拉特福德提起债务诉讼，并在伦敦的一个案件中作证。但是，莎士比亚在戏剧中对法律的兴趣主要是为戏剧效果服务的，就像在《冬天的故事》中，王后赫米温妮因通奸而受审，并动情地为自己辩护。

相关话题

《哈姆雷特》 11页
诬告 30页

3秒钟人物

爱德蒙·马龙
EDMOND MALONE
1741—1812
爱尔兰莎士比亚学者和编辑

本文作者

玛格丽特·乔利
MARGRETHE JOLLY

威廉·莎士比亚重视法庭戏，比如《威尼斯商人》中的审判场景。

历史

30秒钟剧本

3秒钟小结

莎士比亚的英国历史剧借用了编年史的素材，但他首先是剧作家，其次才是历史学家。

3分钟谢幕

20世纪初，一些评论家声称莎士比亚的英国历史剧宣扬“都铎神话”。“都铎神话”认为亨利·都铎团结了交战的兰开斯特和约克家族，给英国带来和平，因此是神授国王。然而，自那以后，其他人对这个说法提出了质疑。事实上，有些人甚至认为莎士比亚的英国历史剧所描绘的世界根本不是天意，而是受剧中诡计多端的虚伪政治家的阴谋所控制。

人们认为，莎士比亚在他的职业生涯中创作并合著了不少于十部英国历史剧。他的主要资料来源很可能是拉尔夫·霍林谢德和爱德华·霍尔的编年史，但他使用历史素材比较随意，把几个历史人物合并成一个，把几年缩减到几分钟，甚至还让死人复活。尽管亨利五世去世时圣女贞德才十岁，在《亨利六世》上篇的英法权力转移中，莎士比亚却将亨利五世的去世与她的崛起设定在同一年。尽管哈利·珀西（或“霍茨波”）比哈尔王子大22岁，但在《亨利四世》上篇中，霍茨波却与哈尔王子同龄，在国王看来，他是哈尔王子的研究对手和救赎手段。的确，霍茨波死于哈尔之剑（这是莎士比亚杜撰出来的情节）象征着王子从浪子到未来国王的转变。对于莎士比亚来说，即便16世纪的英国有“铁一般的历史事实”这样的说法，也要排在娱乐戏剧的后面——《理查三世》中的理查三世要比在编年史中更加血腥。《理查三世》把他塑造成了一个令人难忘却十分迷人的反派。然而，纵观莎士比亚的历史剧，他的关注点始终如一——王权的本质、命运的易变和推动历史本身的力量。

相关话题

政治交接 26页
篡权 28页

3秒钟人物

爱德华·霍尔
EDWARD HALLE
1497—1547
律师和历史学家

拉尔夫·霍林谢德
RAPHAEL HOLINSHED
1529—1580
英国历史的编年史学家

本文作者

李·约瑟夫·鲁尼
LEE JOSEPH ROONEY

莎士比亚以历史事件和人物为素材，但他的作品不全是事实。

Azincourt

地理

30秒钟剧本

虽然据我们所知，威廉·莎士比亚并未离开过英国，但他的戏剧却表现出对外国地理的迷恋，有时听起来像是第一手知识。大多数戏剧场景都来自于原创故事，但在这些场景中，莎士比亚的想象力从巴巴里、阿尔及尔和亚历山大漫游到“阿拉伯的广阔荒野”，再到大马士革、阿勒颇和以弗所。奥赛罗把他的愤怒比作“黑海”，有一种“奔向马尔马拉海，直冲达达尼尔海峡”的力量。莎士比亚写到科林斯、马其顿和伯罗奔尼撒，上至冰岛，下至新西兰和澳大利亚，多次提到法国、意大利、西班牙、德国和波西米亚，甚至还提到了美国和墨西哥。到目前为止，最常提及的是英国。超过三分之一的作品涵盖了英国战争史和古代英国故事，如《李尔王》《辛白林》《麦克白》和当代剧本《温莎的风流娘儿们》。即使故事背景为像意大利这样的国家，莎士比亚也经常引用英国本地地名，比如《驯悍记》中的斯赖声称他来自沃里克郡的伯顿希思[1]，而《威尼斯商人》中的萨拉里诺则指肯特的古德温暗沙。

3秒钟小结

绘有世界各个城市插图的书籍、旅行者的记述、引人入胜的地图、活跃的探索——所有这些都激发了莎士比亚的想象力。

3分钟谢幕

女王伊丽莎白一世安排了与土耳其苏丹的旅行和贸易，并签署了土耳其商人公司（黎凡特公司）章程，对其进行管理。关于土耳其人的戏剧开始涌现，旅行者们写下了令人兴奋不已的东方故事。英国人留在君士坦丁堡“变成土耳其人”，而土耳其游客在伦敦也并不少见。也许我们不应奇怪为何莎士比亚提到土耳其100次。

相关话题

语言和词汇　46页

3秒钟人物

约翰·曼德维尔爵士
SIR JOHN MANDEVILLE
活跃于约1357年
据说是去东方的英国旅行者

爱德华·巴顿
EDWARD BARTON
1562—1598
英国驻君士坦丁堡大使

本文作者

罗宾·威廉姆斯
ROBIN WILLIAMS

即使莎士比亚本人从未出国，他也能从旅行者的叙述中找到灵感。

[1] 译者注：Burton-heath，是指埃文河畔斯特拉特福德的村庄Barton on the Heath。

North east
Northe
North west
South

艺术

30秒钟剧本

莎士比亚是从哪里了解到有关意大利文艺复兴时期的艺术的？在《驯悍记》一书的序幕中，克利斯朵夫·斯赖，一个被戏弄、以为自己是老爷的小修补匠，被仆人承诺观赏三幅“放荡”的画：“阿多尼斯站在一条奔流的小溪旁，而西塞莉亚（维纳斯）隐身在芦苇中”；少女伊娥“受骗受惊”；达芙妮“在荆棘丛中漫步，她的腿被划破了，阿波罗为她的伤口哭泣”。莎士比亚描写的不是来源于文学：奥维德的维纳斯根本没有藏在小溪边；伊娥是被暴力强奸的；达芙妮的腿没有流血，阿波罗也没有哭泣。事实上，前两幅画已经被确定为卢卡·佩尼的《维纳斯和玫瑰》和柯勒乔的《伊娥》。在《鲁克丽斯受辱记》中，女主人公的悲痛欲绝被一段看似不必要的200行文字描述打断。这段描述了一幅关于特洛伊战争的绘画，庞大而复杂，描述细致到了具体的面部表情。打断的原因尚不清楚。莎士比亚只提到一位艺术家的名字——“那个罕见的意大利大师”朱利奥·罗马诺，据说《冬天的故事》中赫米温妮的雕像就是他雕刻的。而罗马诺以绘画闻名，因此学者们一度认为莎士比亚搞错了，罗马诺不是雕塑家，但事实上莎士比亚是对的。

3秒钟小结

出于对意大利文艺复兴时期的艺术的热爱，莎士比亚还打乱了他的一首诗的结构，但他的这些知识从何而来是一个谜。

3分钟谢幕

莎士比亚喜欢栩栩如生的艺术。赫米温妮的雕像十分精妙，甚至“有人会对她说话，并希望得到回答”。在《辛白林》中，阿埃基摩谈到伊摩琴卧室里的装饰品时说：“我从来没有见过这样栩栩如生的雕像。”鲁克丽斯在描述特洛伊时说：“一滴滴干枯的颜料，仿佛是珠泪淋淋”以及“鲜血还热气腾腾”。莎士比亚赞扬艺术具有引人入胜的能力。

相关话题

古典文学影响 12页
地理 58页

3秒钟人物

安东尼奥·阿莱里·达·柯勒乔
ANTONIO ALLEGRI DA CORREGIO
1489—1534
画家

朱里奥·罗马诺
GIULIO ROMANO
1499—1546
画家、雕刻家和建筑师

卢卡·佩尼
LUCA PENNI
1500—1556
画家

本文作者

罗斯·巴伯
ROS BARBER

莎士比亚对意大利文艺复兴时期的艺术很熟悉，比如柯勒乔的《伊娥》。

构成

构成
术语

抑抑扬格　一种音节模式为弱—弱—强的格律诗。

无韵诗　用规则的格律（固定的节奏模式）写的诗，但不押韵。无韵诗通常是用五步抑扬格写的，每行有五次“弱—强”音节模式。无韵诗不同于自由诗体，自由诗体既不押韵，也没有固定的节奏。

西特琴　一种文艺复兴时期的金属弦乐器，用于休闲音乐创作，很像今天的吉他。

剧团　剧团是伊丽莎白一世时代的一个术语，是指一群共同演出戏剧的演员。

对句　两行连续的互相押韵的诗。

音步　用来测量一行诗的韵律单位，有两个或三个音节。不同节奏重音的模式下，音步有不同的名字。抑扬格音步为弱—强模式。

自由诗　没有规律的节奏或韵律的诗。

站票观众　那些付了一便士进剧院，却没有再付一便士买个座位的人。在整个演出中，站票观众会站在舞台前的院子里。

五步抑扬格　由五个韵律单位（称为“音步”）组成的一行，其中至少有三个音步是“抑扬格”（弱—强音节模式）。完全规则的五步抑扬格有五次弱—强的节奏：弱—强—弱—强—弱—强—弱—强—弱—强。

暗讽　对某人或某事的影射，通常是贬义的或暗示的。

鲁特琴　一种琴身呈梨形、颈长的弦乐器，通过弹拨演奏，常用于中世纪的世俗音乐中，在文艺复兴时期流行。

隐喻　一种修辞格，说A是B，从而将A直接比作B，例如：“人生不过是一个行走的影子”。

韵律 在诗歌中，把词排列成有规律的节奏模式，尤指通过音节的重音模式排列。

散文 以普通形式，没有任何诗歌结构（如韵律）的书面语言或口头语言就是散文。

押韵 押韵就是两个词听起来非常相似。真正的押韵是两个单词有相同的元音，以相同的辅音结尾，例如moon和June。它们的拼写并不重要，重要的是发音。

粗鲁的手艺人 《仲夏夜之梦》里表演了戏中戏《皮拉摩斯和提斯柏》中的六个角色。他们的名字来源于他们都是体力劳动者。

讽刺作品 一种用夸张、讽刺和嘲笑来揭露和批评个人行为的喜剧。通常涉及时事，经常被用作削弱当权者的手段。

明喻 一种修辞格，说A像B，从而将A直接比作B，例如："老如冬之凋敝"。

独白 戏剧中演员的简短台词，除了观众外没有人能听到。

诗节 在诗歌中，"stanza"和"verse"都可以表示诗节。有些人会说"this poemhas six verses"而诗人会说"this poemhas six stanzas"，都表示"这首诗有六个诗节"。

情郎 年轻的恋人中的男子。

塔波鼓 一种小鼓，通常与同一个人吹的笛子一起击鼓。

四音步诗 由四个韵律单位即"音步"组成的诗句，它们在节奏模式上完全相同。

扬抑格 一种音节重音模式为强—弱的格律诗。

无韵诗

30秒钟剧本

四分之三的莎士比亚剧本是用无韵诗写的。虽然人们常把无韵诗和自由诗混淆，但无韵诗包含有规律的韵律，叫它“无韵”，是因为它每行的末尾没有押韵。无韵诗的标准格律是五步抑扬格，一行由五个韵律单位组成（称为“音步”），其中大部分是“抑扬格”（弱—强音节模式）。因此，莎士比亚戏剧中的大多数台词都有十个音节。但是五步抑扬格比较灵活，最多两个音步可以被其他的重音模式代替（比如抑抑扬格，弱—弱—强，或者扬抑格，强—弱）。当一个句子有“阴性”结尾时，可以加一个非重读音节。莎士比亚的一些著名和有力的诗句改变了无韵诗诗句：to BE / or NOT / to BE / THAT is / the QUES/tion（生存还是毁灭，这是个问题）。无韵诗接近于英语语言的自然节奏，使它听起来没有押韵诗那么矫揉造作。但是，比普通四四拍和童谣中的四音步腔调长一个单位的句长，加上交替重音的相对规律性，提高了语言的水平。重要的演讲和独白都是用无韵诗写的，甚至《暴风雨》中卡列班的抱怨也是无韵诗形式。

3秒钟小结

莎士比亚的戏剧大多是用无韵诗和不押韵的五步抑扬格写的。用无韵诗写的戏剧可是新鲜事物，莎士比亚使这种剧与众不同。

3分钟谢幕

萨里伯爵亨利·霍华德在翻译《埃涅伊德》（约1540年）时使用了五步抑扬格，因此成为第一个写英文无韵诗的人。第一部无韵诗剧本是由托马斯·诺顿和托马斯·萨克维尔创作的《高布达克》（1561年）。克里斯托弗·马洛是第一个将其发挥到极致的英国作家，并使其成为戏剧中被接受的诗歌形式（以前是押韵诗）。莎士比亚随后将无韵诗戏剧推向新高度。

相关话题

押韵 68页
散文 70页

3秒钟人物

亨利·霍华德
HENRY HOWARD
1517—1547
萨里伯爵，诗人

托马斯·诺顿
THOMAS NORTON
1532—1584
律师、政治家和无韵诗诗人

托马斯·萨克维尔
THOMAS SACKVILLE
1536—1608
政治家、诗人和剧作家

本文作者

罗斯·巴伯
ROS BARBER

莎士比亚完善了无韵诗的形式，重读和非重读音节更加灵活。

押韵

30秒钟剧本

虽然莎士比亚的大部分诗句是用不押韵的五步抑扬格（“无韵诗”）写的，但他在押韵上倾注了大量精力，使其诗句末尾声音和谐。的确，在他的一生中，这位大诗人似乎以其擅长押韵诗而闻名，他同时代的弗朗西斯·梅尔斯称他“巧舌如簧、甜言蜜语”。莎士比亚的长篇叙事诗《维纳斯与阿多尼斯》和《鲁克丽斯受辱记》不仅完全由押韵的“诗节”（成组的几行诗）组成，而且他154首十四行诗中有152首都采用了他偏爱的“英语”押韵方式。莎士比亚在戏剧中以多种方式使用了押韵。押韵用类似音节造成的音乐效果增强轻松愉快的氛围，活跃了喜剧的气氛，如《错误的喜剧》《仲夏夜之梦》和《皆大欢喜》。尤其是莎士比亚早期的戏剧，他还用押韵来改变某一时刻的情绪来塑造情感的强度和人际关系的紧张。最后，人们通常会发现，押韵可以作为场景或长篇演讲的结尾，并以充满诗意的押韵“对句”（连续的两行押韵的句子）作为结尾。

3秒钟小结

押韵塑造了莎士比亚诗歌的声音和戏剧场景的情绪，成为他作品的一个重要组成部分。

3分钟谢幕

在莎士比亚时代，人们认为押韵对读者和听众有一种近乎神奇的力量，用菲利普·西德尼爵士为诗歌辩护时的话说，就是用“耳边的某种音乐”来取悦读者和听众。对一些有宗教倾向的同时代人来说，韵律的力量是诱人的，因此也有潜在的危险。像约翰·弥尔顿这样的诗人完全否定押韵，因为“好诗并不需要附加物或真正的装饰”。

相关话题

十四行诗 16页
无韵诗 66页
散文 70页

3秒钟人物

菲利普·西德尼爵士
SIR PHILIP SIDNEY
1554—1586
诗人和朝臣

弗朗西斯·梅尔斯
FRANCIS MERES
1565—1647
作家

约翰·弥尔顿
JOHN MILTON
1608—1674
诗人、《失乐园》的作者

本文作者

柯克·梅尔尼科夫
KIRK MELNIKOFF

莎士比亚在他的诗歌和戏剧中都使用了押韵的音乐技巧。

ading him Prisoner in a red Rose Chain.
ong temper'd Steel, his stronger Strength obey'd,
was he servile to my coy Disdain.
Oh be not proud, nor brag not of thy Might,
For mastring her, that foil'd the God of Fight!

uch but my Lips with those fair Lips of thine,
ho' mine be not so fair, yet they are red)
e Kiss shall be thine own, as well, as mine.
hat seest thou in the Ground? Hold up thy Head:
Look in mine Eye-balls, where thy Beauty lies,
Then why not Lips on Lips, since Eyes on Eyes?

t thou asham'd to kiss? Then wink again,
d I will wink, so shall the Day seem Night,
ve keeps his Revels, where there be but twain
bold to play, our Sport is not in Sight.
These blew-vein'd Violets whereon we lean
Never can blab, nor know they what we mean.

ne tender Spring, upon thy tempting Lip,
ews thee unripe; yet may'st thou well be tasted.
ake use of Time, let not Advantage slip,
auty within it self would not be wasted.
Fair Flowers, that are not gather'd in their Prime,
Rot and consume themselves in little time.

Vere I hard favour'd, foul, or wrinkled old,
-natur'd, crooked, churlish, harsh in Voice,
er-worn, despised, rheumatick and cold,
hick-sighted, barren, lean, and lacking Juice,
Then mightst thou pause, for then I were not for thee.
But, having no Defects, why dost abhor me?

VENUS AND ADONIS.

EVEN as the Sun, with purple colo[ur'd]
Face,
Had ta'n his last Leave of the wee[ping]
Morn.
Rose-cheek'd *Adonis* hied him to [the]
Chase:
Hunting he lov'd, but Love he laught to Scorn.
Sick-thoughted *Venus* makes amain unto him,
And like a bold-fac'd Suter 'gins to woo him.

散文

30秒钟剧本

散文不同于无韵诗，它是一种没有韵律结构的普通语言，使人物的说话方式更加自然。然而，莎士比亚的散文往往有强烈的模式和韵律，比如《麦克白》中司阍的台词。在早期的戏剧中，散文通常是由地位低下的角色和喜剧场景使用，但莎士比亚很快就开始在更长的篇幅和更多样化的场景中使用散文。散文的重要性往往在于它与诗歌的情境对应；也就是说，语言在诗歌和散文之间的转换可以揭示关于人物和环境的事情，尤其是当一个典型的以诗歌说话的人使用散文的时候。例如，作为一个国王，李尔王自然地以诗的形式说话，但当他失去理智时，却以散文的形式咆哮。在《裘力斯·凯撒》中，贵族勃鲁托斯对市民的讲话是散文，而亨利五世则是用散文向法国的凯瑟琳娜求爱。哈姆雷特对约里克的头骨进行的沉思也是用的散文。散文可以象征着滑稽、机智或疯狂，以及一种更深思熟虑或更理性的心境、悲怆或单纯。这种转变总是有意义的，读者乐于思考这可能意味着什么。

3秒钟小结

当一个角色用散文而不是诗句说话时，莎士比亚通常在告诉我们一些事情。

3分钟谢幕

在观看舞台表演时，很难判断一个演员是说诗歌还是散文。然而，在阅读剧本时，有一个视觉上的线索：每行诗的第一个单词以大写字母开头，每行的长度也不尽相同；而散文使用的句子相互交错，通常排成一个段落。

相关话题

无韵诗 66页
押韵 68页
措辞 72页

本文作者

罗宾·威廉姆斯
ROBIN WILLIAMS

莎士比亚用散文来表达幽默，突出一个人物的地位或表示情感的转变。

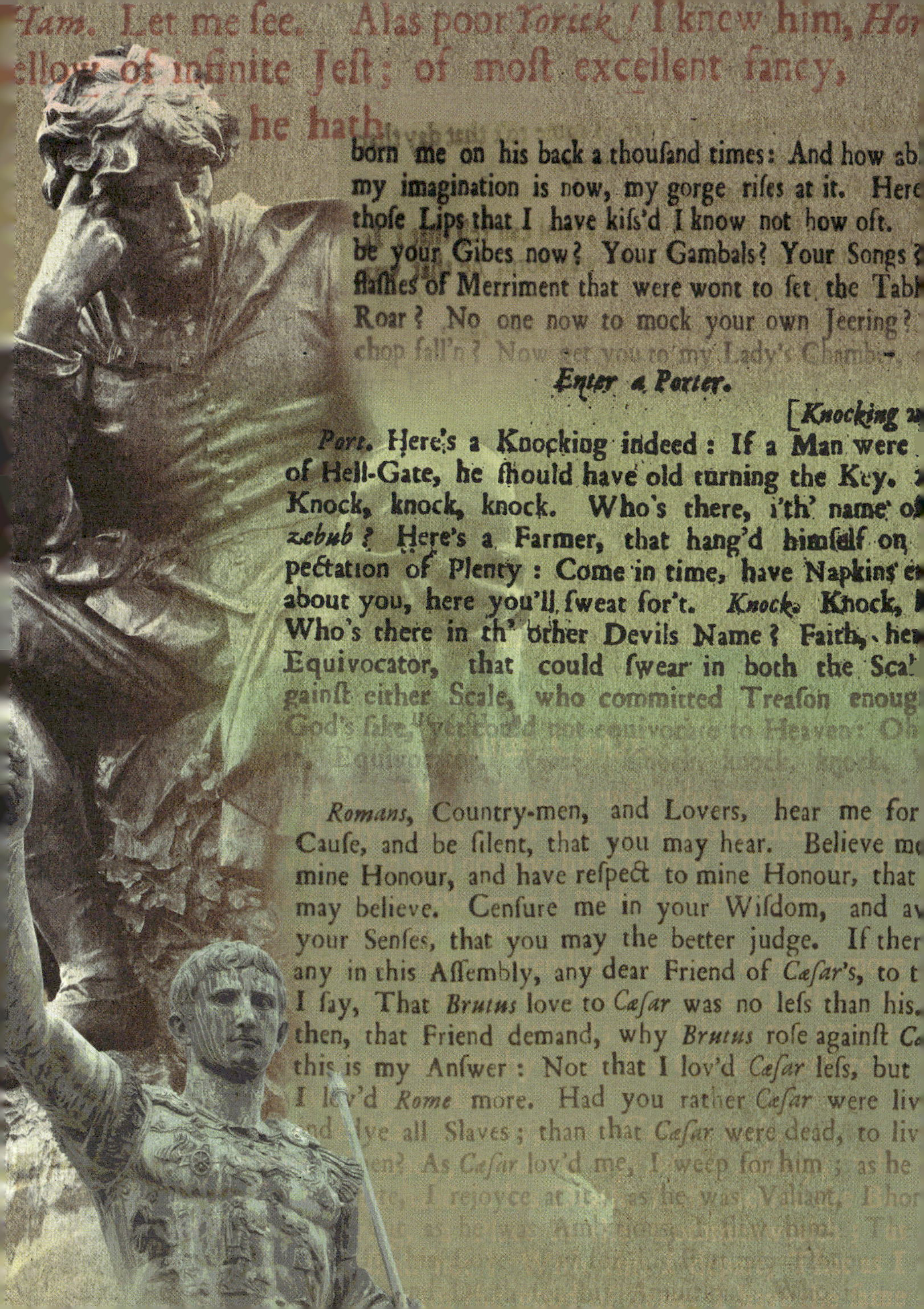
Ham. Let me see. Alas poor Yorick! I knew him, Ho
ellow of infinite Jest; of most excellent fancy,
he hath
born me on his back a thousand times: And how ab
my imagination is now, my gorge rises at it. Here
those Lips that I have kiss'd I know not how oft.
be your Gibes now? Your Gambals? Your Songs?
flashes of Merriment that were wont to set the Tab
Roar? No one now to mock your own Jeering?
chop fall'n? Now get you to my Lady's Chamber
Enter a Porter.
[Knocking w
Port. Here's a Knocking indeed: If a Man were
of Hell-Gate, he should have old turning the Key.
Knock, knock, knock. Who's there, i'th' name of
zebub? Here's a Farmer, that hang'd himself on
pectation of Plenty: Come in time, have Napkins e
about you, here you'll sweat for't. Knock. Knock,
Who's there in th' other Devils Name? Faith, her
Equivocator, that could swear in both the Sca
gainst either Scale, who committed Treason enoug
Romans, Country-men, and Lovers, hear me for
Cause, and be silent, that you may hear. Believe m
mine Honour, and have respect to mine Honour, that
may believe. Censure me in your Wisdom, and a
your Senses, that you may the better judge. If ther
any in this Assembly, any dear Friend of Cæsar's, to t
I say, That Brutus love to Cæsar was no less than his.
then, that Friend demand, why Brutus rose against C
this is my Answer: Not that I lov'd Cæsar less, but
I lov'd Rome more. Had you rather Cæsar were liv
dye all Slaves; than that Cæsar were dead, to liv
As Cæsar lov'd me, I weep for him; as he
I rejoyce at it; as he was Valiant, I ho

措辞

30秒钟剧本

莎士比亚令人难忘的短语远远超出了那些作为修辞格被英语吸收的短语。有些是明喻：福斯塔夫说他“忧郁得就像林肯郡风笛的嗡嗡声”（《亨利四世》上篇），而《辛白林》中的波塞摩斯发现他以为死去的妻子还活着，说道“似果实在枝头，我的灵魂，直至木朽”。其他的短语是压缩的真理，通过诗句的节奏变得有力。《裘力斯·凯撒》中的“懦夫在未死以前就已经死了好多次；勇士一生只死一次”。波洛涅斯对雷欧提斯的忠告：“尤其要紧的，你必须对你自己忠实；……对自己忠实，才不会对别人欺诈。”吉尔登斯特恩将分歧描述为“头都打破了”；哈姆雷特说：“天上刮着西北风，我才发疯；风从南方吹来的时候，我不会把一只鹰当作一只鹭鸶。”临死前他最后说的一句话是：“余下的就是沉默。”他还对愤世嫉俗者提出了有价值的反驳：“天地间有许多事情是你的哲学所无法解释的，霍拉旭。”但除了引用的名言外，莎士比亚的天赋在于纯粹的表达之美：麦克白观察到“天色朦胧起来，乌鸦都飞回到昏暗的林中”；刀伤标志着“一道道毁灭的门户”。

3秒钟小结

诗歌是令人难忘的语言。是诗人莎士比亚，而不是剧作家莎士比亚，用压缩的、有共鸣的短语来充实戏剧。

3分钟谢幕

创作出令人难忘的意象也许是莎士比亚最伟大的天赋，而且常常以隐喻的形式出现。生活“不过是一个行走的影子”或“一个愚人所讲的故事，充满着喧嚣和骚动，却找不到一点儿意义”（《麦克白》）；“怀疑是我们心中的奸细，使我们因怯于尝试，而失去本应属于我们的幸福”（《一报还一报》）；“有一个忘恩负义的孩子比毒蛇的牙齿还要尖锐”（《李尔王》）。

相关话题

无韵诗 66页
押韵 68页
英文的发明者 128页

本文作者

罗斯·巴伯
ROS BARBER

莎士比亚有一种独特的天赋，能创造出生动而令人难忘的短语。

经典剧作专题：《罗密欧与朱丽叶》

ROMEO AND JULIET

《罗密欧与朱丽叶》可以说是莎士比亚最著名的一部剧，它讲述了一段命运多舛的青涩爱情。我们中绝大多数都看过或听过这部剧改编的电影、电视剧、舞台剧、小说、漫画或流行音乐。无论是莎士比亚笔下15世纪的意大利城堡，还是1996年鲁赫曼导演的《罗密欧与朱丽叶》中的现代都市，抑或是好莱坞电影《温暖的尸体》中后启示录时代的僵尸荒原，美丽的维罗那在21世纪的西方世界中无处不在。

无论《罗密欧与朱丽叶》以何种形式展开，它都满足几乎我们所有人想看到爱情和青春的激情战胜社会责任的渴望。该剧从一开始就呈现了一个被蒙太古家族和凯普莱特家族之间长期不和所撕裂的城市，这种冲突无论是宗教还是法律都无法缓和。莎士比亚笔下的维罗那是一个充满男性仪式的地方，女人在这里作为爱情的对象、婚姻的棋子或目标而生存。罗密欧·蒙太古和朱丽叶·凯普莱特在化装舞会上坠入爱河，在劳伦斯神父和奶娘的帮助下，两人秘密结婚。

然而，这一幸福的结合马上就受到了致命冲突的威胁，罗密欧幽默风趣的朋友茂丘西奥被朱丽叶好斗的堂兄提伯尔特杀死。罗密欧报复提伯尔特，却遭到流放。最后，劳伦斯神父试图用一种“蒸馏酒”来挽回局面，却以失败告终，两个年轻的恋人都自杀而死。

这是最基本的故事梗概。除此之外，人们所熟悉的内容与莎士比亚的实际作品只有模糊的相似之处。在大众的想象中，罗密欧代表着梦幻般的情郎：敏感、忠诚、富有诗意，但莎士比亚却呈现了一个笨手笨脚、反复无常、沉浸在浪漫陈词滥调中的主人公。虽然朱丽叶只有13岁，但她更聪明，更有自知之明，她希望她的罗密欧不是在阳台上，而是在窗口。大卫·加里克18世纪的结局也依然保留在我们的记忆中，并在鲁赫曼的电影版中再次出现。在那里，真爱差点取得胜利，罗密欧在朱丽叶醒来之前几秒钟服下了毒药，并死在她怀里。在这部作品中，我们看到的不是莎士比亚描写的两人先后死于凯普莱特之墓的悲剧，而是一部造化弄人的感人悲剧。尽管《罗密欧与朱丽叶》可能有点愤世嫉俗，但它仍是一部迷人的戏剧，充满了动人诗歌和引人入胜的角色，它理应成为莎士比亚最受喜爱的作品之一。

柯克·梅尔尼科夫

音乐

30秒钟剧本

3秒钟小结

音乐是莎士比亚戏剧中不可或缺的一部分，对特定场景的氛围产生有力影响，歌曲在表演中扮演着重要角色。

3分钟谢幕

歌曲使角色能够表达他们无法用语言表达的思想和情感。歌曲和音乐也定义了人物的地位：莎士比亚把粗俗的费斯特（“当我还是个小男孩的时候”）和环球剧院的站票观众相提并论，或者把天真的苔丝狄蒙娜（“可怜的灵魂坐在那里叹息”）和高贵优雅的女人相提并论。不同的伴奏乐器被用来支持、描绘和定义角色的地位。

从《仲夏夜之梦》中波顿唤醒提泰妮娅的歌曲，到《奥赛罗》中苔丝狄蒙娜的《柳树歌》，再到《哈姆雷特》中奥菲莉亚“披着头发弹琴唱歌”，音乐对莎士比亚的戏剧至关重要。除了歌曲，莎士比亚经常写到音乐的重要性，并使用音乐作隐喻，例如，哈姆雷特把自己比作吉尔登斯特恩不会演奏的竖笛。剧团里的小丑或傻瓜经常唱歌；在《第十二夜》中，威尔·肯普演奏塔波鼓，罗伯特·阿尔敏用西特琴为自己伴奏。其他歌曲由专门训练唱歌和弹奏鲁特琴的男孩演奏；例如在《裘力斯·凯撒》中，侍仆卢修斯的甜美歌声唤醒了凯撒的灵魂。伊丽莎白一世时代的观众会比我们今天更深刻地理解表演中使用的乐器。古双簧管（肖姆管，早期的双簧管）是一种响亮的乐器，常常与邪恶和厄运联系在一起，因此，在《安东尼与克莉奥佩特拉》中，亚克兴战役的前夜，“舞台下传来古双簧管的乐声”。号角声为那些参加过战争并懂得这些号角声在战场上意义的观众所熟知。竖笛则表示死亡和超自然现象。

相关话题

同时代影响　14页

押韵　68页

小丑和弄人　98页

3秒钟人物

托马斯·莫利
THOMAS MORLEY
1557—1602
《皆大欢喜》和《第十二夜》的作曲者

罗伯特·约翰逊
ROBERT JOHNSON
1583—1634
《暴风雨》的作曲者

约翰·威尔逊
JOHN WILSON
1597—1674
《一报还一报》的作曲者

本文作者

克莱尔·范·坎彭
CLAIRE VAN KAMPEN

小丑和少年表演者为戏剧提供了生动的音乐伴奏。

喜剧

30秒钟剧本

与同时代的本·琼森、托马斯·德克尔和托马斯·米德尔顿不同，莎士比亚没有写关于伦敦生活的讽刺喜剧。相反，他的大多数喜剧都围绕着夫妻和他们婚姻中的问题，但他的喜剧各种各样、涉及广泛。在《驯悍记》和《无事生非》中，在彼特鲁乔和凯瑟琳娜、贝特丽丝和培尼狄克之间的戏谑中可以发现微妙的风趣和暗讽。彼特鲁乔不合适的结婚礼服和《仲夏夜之梦》中波顿的形象给观众带来了视觉上的喜剧效果。《错误的喜剧》中被弄错身份的双胞胎，以及《第十二夜》和《皆大欢喜》中女主角因女扮男装引发的有关性别的笑话，让知道真相的观众去嘲笑一头雾水的剧中角色。《无事生非》的道格培里和《仲夏夜之梦》的“粗鲁的手艺人”等“下层”喜剧角色，因其粗鄙的言语和讨人喜爱的愚蠢行为而经久不衰。莎士比亚的喜剧才华并不局限于喜剧。《亨利四世》中，福斯塔夫的荒诞故事引人发笑。莎士比亚的悲剧也包括一些喜剧场景：《麦克白》中讽刺的司阍和《哈姆雷特》中的掘墓人为主要情节提供了不同的视角。

3秒钟小结

莎士比亚是智慧大师，也擅于制造一些困惑，在他的喜剧中以广泛的焦点和多变的基调让每个人都有所得、有所悟。

3分钟谢幕

除了具有喜剧天赋，莎士比亚也知道喜剧可以很残酷。在《第十二夜》的现代作品中，对马伏里奥的束缚和监禁经常被视作噩梦场景，而不是喜剧时刻。《威尼斯商人》结尾的犹太人夏洛克被剥夺财产，《驯悍记》中凯瑟琳娜的“驯服”对现代观众情感的影响可能与莎士比亚当时对观众的影响不同。

相关话题

错误身份　36页

小丑和弄人　98页

平民　100页

《仲夏夜之梦》 115页

3秒钟人物

本·琼森
BEN JONSON
1572—1637
剧作家

托马斯·德克尔
THOMAS DEKKER
约1572—1631
剧作家

托马斯·米德尔顿
THOMAS MIDDLETON
1580—1627
剧作家

本文作者

杰西卡·戴森
JESSICA DYSON

莎士比亚创造了一系列喜剧角色，如福斯塔夫、波顿和“粗鲁的手艺人”。

独白

30秒钟剧本

独白是一种戏剧手段，剧中人物自言自语，除了观众以外，其他人都听不到。在莎士比亚之前，大多数独白都很直白，用于情节说明、揭示计划或介绍角色。莎士比亚将独白带入了一个新的领域，使之成为对人物内心状态的有力心理探索，而在莎士比亚之前，只有在马洛的戏剧结尾时浮士德博士的自我反省独白做到了这一点。与一般戏剧相比，莎士比亚的独白让观众有更多的“内心”体验。由于其强有力的情感内容，他的独白可能是最令人难忘和最广为人知的，而这些独白吸引观众的能力（有一种与普通而有缺陷的人物的亲密感）是莎士比亚悲剧经久不衰的一个原因。莎士比亚第一次涉足引人入胜的内心戏，是《裘力斯·凯撒》的勃鲁托斯，那个诚实的人在与自己的良心做斗争。独白不仅反映了悲剧主人公的困境，还反映了悲剧主人公的自我意识水平和自我欺骗水平，这从麦克白、奥赛罗和安东尼身上可以看出。莎士比亚的独白用有力而灵活的无韵诗写成，充满了生动的意象，向我们展示了人类思想的运作模式。这也许是我们以前从未见过的。

3秒钟小结

与同时代的作家相比，莎士比亚的独白别具一格，精妙绝伦。我们可以通过这些独白了解他笔下悲剧人物的思想和灵魂。

3分钟谢幕

莎士比亚在《哈姆雷特》中对独白的运用最为有力。在《哈姆雷特》中，丹麦王子的个人痛苦以七段独白的形式展现在我们面前，表达了他复杂的内心状态。如果没有这些独白，哈姆雷特就不会成为标志性人物，可以说这部戏也不会成功。独白帮助我们理解他那些令人费解的行为；他在观众面前变得透明，而对所有其他角色来说，他是看不透的。

相关话题

同时代影响 14页
无韵诗 66页
悲剧主人公 86页

3秒钟人物

萨克索·格拉玛提库斯
SAXO GRAMMATICUS
约1150—约1220
丹麦历史学家，《哈姆雷特》就取材于他的作品《丹麦人的业绩》中安姆雷斯的故事

托马斯·基德
THOMAS KYD
1558—1594
可能是《哈姆雷特》早期版本的作者，该版本现已失传

本文作者

罗斯·巴伯
ROS BARBER

独白让观众走进角色的内心世界。

主人公和反面人物

主人公和反面人物
术语

阿金库尔战役 阿金库尔战役（1415年10月25日）是英国在百年战争中的一次重大胜利。英国国王亨利五世带领他的军队加入了肉搏战。

骑士精神 与骑士身份有关的中世纪行为准则。

小丑 喜剧演员，主要通过夸张的滑稽动作，或许还穿着可笑的衣服来创造喜剧效果。伊丽莎白一世时代的小丑通常会把自己描绘成一个粗俗的傻瓜。

平民 没有地位或头衔的普通人。

弄人 主要通过机智和语言来创造喜剧的喜剧演员，尽管也有肢体喜剧的一些方面。弄人源于宫廷弄臣的传统，有时被保留在皇家或贵族家庭中。

历史剧 根据真实历史事件改编的戏剧。

弄臣 中世纪宫廷中的职业小丑或弄人，一般戴着有铃铛的帽子，手持假权杖。

无赖 不诚实或无道德的人。

骑士 侍奉君主的人，如身穿盔甲的骑兵，头衔是“爵士”。

麦克白夫人 麦克白的妻子，她说服他谋杀国王并篡夺王位，但她无法忍受内疚，就发疯了。

麦克白 一个苏格兰贵族，以他的名字命名的悲剧的主角，在三个女巫告诉他将成为苏格兰的国王之后，他开始了一系列疯狂的谋杀。

吟游诗人　中世纪的歌手或音乐家，尤指能在音乐伴奏下为贵族歌唱或背诵诗歌的人。

弑君　杀害君主的行为。

粗鲁的手艺人　《仲夏夜之梦》里表演了戏中戏《皮拉摩斯和提斯柏》中的六个角色。他们的名字来源于他们都是体力劳动者。

十四行诗　一种14行的诗歌，通常都是关于爱情，有固定的节奏和规则的韵律（节奏模式）和一个“转折”（volta），例如，允许它提出问题并回答。

四部曲　分为四部分的作品（而三部曲是分为三部分的作品）。

上层阶级　莎士比亚作品中指统治阶级、皇室和贵族。

悲剧主人公

30秒钟剧本

莎士比亚笔下的悲剧主人公都是男性。观众希望他们做得更多更好，但事实并非如此。这就是他们悲剧性命运的原因，也是多年来一直能让观众产生共鸣的原因。李尔王是一个伟大的君主，但却被骄傲冲昏了头脑，丢弃了最爱他的女儿科迪莉亚。被其他女儿抛弃后，他意识到自己的错误并发了疯。麦克白本是一个高贵的军事英雄，听到女巫的预言之后迅速采取行动，谋杀了国王来实现自己和妻子的野心，并为了保住王位下令杀害了更多的人。伟大的军事领袖奥赛罗太信任诡诈的伊阿古，而且一些评论家认为，奥赛罗也太容易相信有关妻子苔丝狄蒙娜对他不忠的谗言。他失去了一切，杀死了苔丝狄蒙娜并自杀。在莎士比亚笔下的主人公中，只有哈姆雷特行动迟缓，陷入了复仇的道德困境，或许还在因父亲去世过度悲伤而麻木。观众可能会对一些角色进行严厉的评价，而哈姆雷特不同，他自己也希望自己是一个更好更英勇的人，他称自己是“流氓和农奴”，因为他推迟了为他父亲的复仇。莎士比亚笔下的悲剧主人公虽然有着很高的社会地位，但让人铭记的往往是他们也有普通人的情感，也会犯普通人犯的错误。

3秒钟小结

莎士比亚笔下的悲剧主人公往往没那么英勇。他们所展示的非常人性化的特征导致了他们自己以及其他人的失败和死亡。

3分钟谢幕

《罗密欧与朱丽叶》中的罗密欧和《安东尼与克莉奥佩特拉》中的安东尼都是悲剧主人公。冲动的罗密欧的悲剧是他所处环境而不是自己的行为所致。尽管他不幸去世，但他已成为青春爱情的代名词。更成熟的安东尼选择了对克莉奥佩特拉的爱情而不是对罗马的责任，他相信了克莉奥佩特拉关于她自己死亡的虚假故事，在一次不英勇甚至有点拙劣的自杀中死去。他也许既是莎士比亚笔下最令人钦佩也是最不令人钦佩的悲剧主人公。

相关话题

《哈姆雷特》 11页
《奥赛罗》 33页
《李尔王》 53页
《麦克白》 93页

3秒钟人物

马克·安东尼
MARCUS ANTONIUS
前80—前30
罗马政治家和将军

麦克白
约1005—1057
苏格兰国王

本文作者

杰西卡·戴森
JESSICA DYSON

像奥赛罗、李尔王和麦克白这样的主人公是悲剧的，因为他们不能满足我们对英雄的期望。

恋人

30秒钟剧本

莎士比亚的21部戏剧的情节都取决于恋人及其命运，无论是像《罗密欧与朱丽叶》和《奥赛罗》那样以死亡收场的悲剧，还是像《皆大欢喜》和《暴风雨》那样以婚姻收场的喜剧。恋人们反抗父母、战争和不赞成他们结合的社会。154首十四行诗讲述了一个诗人、一个美丽的青年和一个黑女士之间的恋情。《维纳斯与阿多尼斯》是一首长诗，讲述了爱神爱上一个冷漠的年轻人的故事。莎士比亚最难懂的诗歌《凤凰和斑鸠》是关于两个恋人的喜人结合。爱无处不在，但爱扭曲了我们的视线，所以爱人看到的只是他们想看到的。在《仲夏夜之梦》中，海丽娜爱上了狄米特律斯，尽管狄米特律斯唾弃她并威胁要强奸她。《终成眷属》中的另一个海丽娜爱着无用的勃特拉姆，并欺骗他让他不情愿地结了婚。在《安东尼与克莉奥佩特拉》中，克莉奥佩特拉梦想着一个理想化的安东尼，她愿意为了梦想放弃一个王国和她的生活。《威尼斯商人》中的巴萨尼奥和《维洛那二绅士》中的普罗丢斯这样热情却愚蠢的恋人，却认不出女扮男装的鲍西亚和茱莉亚。

3秒钟小结

在莎士比亚的戏剧中，爱情让泼妇变成了顺从的妻子，喜爱变成嫉妒，女人变成男人然后又变回女人，恨变成爱，雕像变成了宽容的妻子。

3分钟谢幕

莎士比亚笔下的真爱情侣在机智和口才上不相上下：贝特丽丝和贝尼迪克，凯瑟琳娜和彼特鲁乔互相戏弄和奚落；罗密欧与朱丽叶创造了一种新的真爱语言。这些人物挑战了菲利普·西德尼爵士等诗人使用的当代诗歌传统，按照这样的传统，男性所爱的是沉默、冷漠的女性。智慧的平等和穿异性服装（七个女人扮成男人来保护她们的爱人）意味着这些角色总是试图打破男性和女性的刻板印象。

相关话题

十四行诗　16页
喜剧　78页
悲剧主人公　86页
坚强的女性　96页

3秒钟人物

菲利普·西德尼爵士
SIR PHILIP SIDNEY
1554—1586
朝臣和诗人，他写了很有影响力的十四行诗《爱星者与星》

玛丽·罗思夫人
LADY MARY WROTH
1587—1652
菲利普·西德尼的侄女，第一位发表十四行诗的女性。她还写了一部浪漫喜剧《爱情的胜利》

本文作者

林恩·罗布森
LYNN ROBSON

莎士比亚在《罗密欧与朱丽叶》中对真爱的诠释经久不衰。

斗士

30秒钟剧本

从巡回演出的《亨利六世》四部曲到《两个高贵的亲戚》之间的侠义兄弟，在莎士比亚的喜剧、历史剧和早期的悲剧中，都有斗士们战斗、斗殴、决斗、叛乱，甚至比赛摔跤的身影。其中包括敦促他的军队在阿金库尔取得胜利的魅力非凡的亨利五世；弑君者理查三世和麦克白；高贵的将军奥赛罗；火热、勇敢，却注定要死去的霍茨波。当斗士们把在战场上学到的经验用到生活和家庭时，就会犯错。在《无事生非》中，士兵培尼狄克和克劳狄奥发现自己处于和平时期，陷入了一种无所适从的状态，于是开始了求爱的“快乐战争”。理查三世将注意力转向谋杀。奥赛罗是一位伟大的战士，却是个缺乏安全感的丈夫。科利奥兰纳斯拒绝成为一名政治家，他宁愿被驱逐，这样他就可以找到他唯一想要对抗的对手奥菲狄乌斯。传说中的士兵安东尼在罗马的致命的政治游戏和他与克莉奥佩特拉的热恋之间左右为难。当阴谋者认为裘力斯·凯撒已经变成暴君时，他“战士”的名声不足以拯救他。也有一些普通的士兵，比如弗鲁爱林、培茨和威廉姆斯，他们虽然听天由命，但愿意为了忠诚而战斗，而不是为了一项不属于他们的事业，或是荣誉这样的抽象概念而战。

3秒钟小结

在荣誉的旗帜下，斗士们为了王座、权力、个人荣誉、土地、爱情、家庭和生存而斗争，但总归要付出一定的代价。

3分钟谢幕

莎士比亚创造了一些令人难忘的女战士——圣女贞德、安茹的玛格丽特、希波吕忒、科迪莉亚，以及那些希望成为战士的人，如克莉奥佩特拉、伏伦妮娅和贝特丽丝。安茹的玛格丽特是莎士比亚唯一一个在舞台上杀人的女性角色。1588年，英国受到西班牙无敌舰队的威胁，人们期望君主能保护其子民，伊丽莎白一世唤起了她战士般的精神。

相关话题

政治交接 26页
篡权 28页
历史 56页
悲剧主人公 86页

3秒钟人物

女王伊丽莎白一世
QUEEN ELIZABETH I
1533—1603
英国女王，1558—1603年在位

本文作者

林恩·罗布森
LYNN ROBSON

斗士出现在所有的剧本类型中，通常是有缺陷的主人公。

经典剧作专题：《麦克白》

MACBETH

在《裘力斯·凯撒》中，莎士比亚描写了这样一个场景：一个即将行刺的人（勃鲁托斯）在谋杀的前一天晚上向他的妻子请教。几年后，莎士比亚再现类似场景，改变了权力的运用形式，加剧了戏剧的紧张气氛，并将背景置于中世纪苏格兰的怪异荒野之中。一个战争英雄和他的妻子为了夺取王位而弑君，在他们试图保住王位的过程中，蔑视那些许诺他们成功的超自然力量，破坏了夫妻关系，犯下更多罪行。在《麦克白》中，莎士比亚创造了文学史上最经久不衰的一对夫妻。这是一种罕见的夫妻权力平衡，这种平衡是由一种激情所驱动的，对彼此来说这种激情至少和其他雄心壮志一样重要。

一些评论家指责麦克白夫人越出了女性应有的界限。毫无疑问，她确实摒弃了传统的女性气质，但鉴于该剧表明女性（如麦克达夫夫人）是男性暴力的受害者，这点或许是可以理解的。很明显，谋杀邓肯只是麦克白堕落的开始，从那时起，他就把妻子排除在密谋之外，完成了一切行动。事实上，他悲剧的一部分是他与妻子的疏离，因此他关于她死亡的名言（“明天，又一个明天，又一个明天……”）是对存在的无意义的抽象和虚无主义的沉思，并没有我们所期待的温柔或失落感。

重要的是要记住，对死亡和暴力的冲动，并不是麦克白带来的，而是剧本的基本环境结构。从内战开始，又以内战结束，又一个叛军被斩首。从一个政治上无能的国王开始，并不是像女巫们承诺的那样以弗里恩斯结束，而是以马尔科姆结束。他是一个未知的人物，其出现最长的场景（他对麦克达夫的“考验”）引发了更多关于他的性格的问题，而不是给出答案。剧本的结尾给出了结局，但是社会和王权的核心问题还远远没有解决，所以很容易想象，暴力循环将再次开始。

安德鲁·詹姆斯·哈特利

阴谋者

30秒钟剧本

莎士比亚的戏剧中充斥着大量的阴谋者。有的是惊天密谋，如《暴风雨》中普洛斯彼罗惩罚篡取其爵位者的阴谋，以及伊阿古的诡计多端暗算奥赛罗；有的是小伎俩，如《第十二夜》中让马伏里奥感到难堪、《李尔王》中的私生子埃德蒙谋划让嫡子埃德加失去父亲的宠爱并将其驱逐。在莎士比亚的作品中，这些或大或小的阴谋吸引着观众，加剧了紧张氛围。我们同情一些阴谋者，如哈姆雷特和泰特斯·安德洛尼克斯，他们为遭受到的不公寻求报复。其他阴谋者，如伊阿古、《辛白林》中的阿埃基摩、《无事生非》中的唐·约翰，其情节动机可疑，对被诬告的女性造成了严重后果，这些人物的行为应受谴责，但其足智多谋令人钦佩。《仲夏夜之梦》中，厌恶女人的奥布朗谋划惩罚不听话的提泰妮娅，却适得其反，被一头驴戴了“绿帽子”。政治阴谋广泛存在：麦克白为了王位谋杀邓肯，又为了维持王位杀掉阴谋反对他的人；在《裘力斯·凯撒》中，凯歇斯不仅出于嫉妒而密谋杀害凯撒，而且还把受人尊敬的勃鲁托斯拉入阴谋。历史剧也充满了夺取和维护王位的阴谋和反阴谋，其中一些情节在我们对历史的理解中留下了不可磨灭的印记，尤其是关于理查三世的性格。

3秒钟小结

不管他们的动机是复仇、权力还是制造麻烦，莎士比亚笔下的阴谋者让观众们参与他们的阴谋，加剧了戏剧的紧张，增强了喜剧或悲剧的效果。

3分钟谢幕

尽管像伊阿古这样的阴谋者显然是不容置疑的坏人，但其他阴谋者的道德品质存在模糊性。让马伏里奥难堪的计划一开始是一个滑稽的情节，但随着他的束缚和监禁，故事增加了更黑暗的基调。在《暴风雨》中，卡列班宣称“这个岛是我的”，并密谋夺回它，计划杀死他残酷的主人普洛斯彼罗。虽然他的计划是邪恶的，但动机却与普洛斯彼罗相似，这让观众思考权力和正义的概念。

相关话题

篡权 28页
诬告 30页
《奥赛罗》 33页
《暴风雨》 135页

3秒钟人物

国王理查三世
KING RICHARD III
1452—1485
英国国王，在位时间仅两年

亨利七世
HENRY VII
1457—1509
打败理查三世成为国王

本文作者

杰西卡·戴森
JESSICA DYSON

莎士比亚的一些戏剧中，会出现局势骤然紧张的情节，观众被阴谋者的密谋所吸引。

坚强的女性

30秒钟剧本

3秒钟小结

莎士比亚对他所处的时代来说是不同寻常的，他笔下的女性坚定地挑战着早期现代社会的现状。

3分钟谢幕

即使是道德败坏的女性，如高纳里尔、里根和麦克白夫人，也有她们自己的坚强。莎士比亚还描写了五个女人被嫉妒的丈夫错误地指责不忠，还有四个女人被善变的恋人嘲笑，但仍保持着良好的品质。在早期女权主义浪潮中，这些女性的力量和安静的美德使莎士比亚成为维多利亚时代女性的英雄。

莎士比亚戏剧中有很多杰出的女性。每个女性都是有文化的，包括《皆大欢喜》里的牧羊女菲芯和《冬天的故事》里的毛大姐。12个女性公然反抗她们的父亲，要嫁给她们自己所选择的男人。为了达到目的，8个女性女扮男装，包括《辛白林》中的伊摩琴，她逃到威尔士山区，随后加入罗马军队；《皆大欢喜》中的罗瑟琳，她逃跑到森林里并且购买财产；还有鲍西娅，她在《威尼斯商人》中打赢了一场艰难的官司。在四部戏剧中出现的“快嘴桂嫂”经营（也许还拥有）一家酒馆。至少有16个女性齐心协力，公开揭露男性的不诚实或愚蠢的行为。在《约翰王》中布列塔尼的康斯丹丝和阿基坦77岁的艾莉诺，泰特斯·安德洛尼克斯的哥特王后塔摩拉，四部历史剧里的玛格丽特王后，克莉奥佩特拉和圣女贞德，都率领军队；还有富尔维娅，在《安东尼与克莉奥佩特拉》里从未出现过，但却被提及了18次。在《冬天的故事》中，宝丽娜违抗了一位国王，并控制了他接下来15年的命运。在《理查三世》中最长的场景中，舞台上有三个人——伊丽莎白女王、玛格丽特王后和约克公爵夫人。虽然在莎士比亚的戏剧中，女性的台词比男性少，但她们有着强大的力量和迷人的风度。

相关话题

诬告 30页
魔法师和女巫 108页

3秒钟人物

哈德威克的贝丝
BESS OF HARDWICK
1527—1608
什鲁斯伯里伯爵夫人；是一个土地大亨和一个王朝的建立者

简·卢姆莱夫人
LADY JANE LUMLEY
1537—1578
16岁时翻译了希腊语和拉丁语的欧里庇得斯

玛丽·西德尼·赫伯特
MARY SIDNEY HERBERT
1561—1621
彭布罗克伯爵夫人；发展了一个重要的文学圈

本文作者

罗宾·威廉姆斯
ROBIN WILLIAMS

无论是善还是恶，莎士比亚笔下的女性角色都是复杂而强大的人物。

小丑和弄人

30秒钟剧本

在莎士比亚的写作生涯中，深受职业喜剧演员的感染力影响。他刚到伦敦时，伊丽莎白一世时代小丑带来的欢乐氛围是剧院的主旋律。这一舞台支柱是英国第一个著名演员理查德·塔尔顿创造的，小丑的形象总是一个装模作样的乡巴佬，他滑稽的失足、肢体上的幽默和即兴表演让观众们不分老少、贫富都为之捧腹。在莎士比亚时代，威廉·肯普继承了塔尔顿的衣钵，正是因为他，莎士比亚创造了诸如《罗密欧与朱丽叶》中保姆的仆人彼得、《仲夏夜之梦》中的波顿和《无事生非》中的道格培里这样的人物。出于未知的原因，肯普在他最受欢迎的时候离开了职业舞台，在此几个月前，《哈姆雷特》一剧首次指示演员们“不要让扮演小丑的人说出超过规定的台词”。肯普的位置很快被作家、音乐家和演员罗伯特·阿尔敏取代。舞台上的弄人既是白痴、小丑，也是预言家，是莎士比亚为阿尔敏设计的。在《皆大欢喜》中的“试金石”、《第十二夜》费斯特和《李尔王》的弄人形象中，莎士比亚穿插了音乐、风趣和真相讲述。

3秒钟小结

莎士比亚深受他所处时代的乡村滑稽文化和风趣蠢事的影响，形成了自己独特的戏剧风格，创造出了欢乐的小丑和无赖的弄人等角色。

3分钟谢幕

小丑的流行与莎士比亚的戏剧表演习惯有很大关系。塔尔顿因其与观众之间诙谐的即兴玩笑而深受喜爱，肯普则因其在表演结束时的舞蹈而广受欢迎。弄人在当时的吸引力大多来自他的祖先——宫廷弄臣和游吟诗人。

相关话题

同时代影响 14页
《李尔王》 53页
喜剧 78页
《仲夏夜之梦》 115页

3秒钟人物

理查德·塔尔顿
RICHARD TARLTON
死于1588
作家和演员

罗伯特·阿尔敏
ROBERT ARMIN
1563—约1615
作家、音乐家和演员

威廉·肯普
WILLIAM KEMPE
约于1610年逝世，演员

本文作者

柯克·梅尔尼科夫
KIRK MELNIKOFF

莎士比亚笔下的小丑起源于宫廷小丑和吟游诗人。

平民

30秒钟剧本

3秒钟小结

莎士比亚对平民细致入微、富有同情心和幽默的描写，强调的是我们共有的人性。

3分钟谢幕

“伟大的存在之链”是一种无处不在的哲学，它确认了一个人在世界上的位置。在这条从“地狱延伸到天堂”的隐喻之链上，任何事物都在其他事物之上和之下。存在之链上钻石的下面是石榴石，狮子下面是兔子。人类也是如此：裁缝在骑士之下，骑士在伯爵之下，而伯爵在国王之下。

戏剧中的大部分人物都属于上流社会。在莎士比亚的戏剧中，平民出场的情景通常都是对所谓的上流社会微妙而又挑衅的折射。莎士比亚很少把下层社会的人物仅用作滑稽的调剂；相反，他们通常刻薄而风趣，往往反映出混乱和不团结。贵族之间的小吵小闹表现在平民之间的小吵小闹上；上层阶级的表里不一和盲目的野心通过下层阶级的行动显露出来。《科利奥兰纳斯》和《裘力斯·凯撒》都以平民扰乱秩序为开端，预示了精英阶层的行动。《仲夏夜之梦》中的“粗鲁的手艺人”对爱情进行了评论，不仅通过提泰妮娅爱上了波顿，还通过在皇室婚礼派对上表演了一对悲惨的情侣。在《亨利六世》中篇中，有一个充满争议的王室场景，市民辛普考克斯和他的妻子被曝出是骗子，对法庭进行了低调的评论。我们还看到被废黜的理查二世考虑成为一名朝圣者，而逃亡的亨利六世渴望过简单的牧羊人生活。在莎士比亚对权力和社会的不断探索中，平民扮演着重要的平衡角色。

相关话题

散文　70页
喜剧　78页
小丑和弄人　98页

3秒钟人物

亚里士多德
ARISTOTLE
前384—前322
希腊哲学家，他的斯卡拉自然史理论是生命之链的基础

本文作者

罗宾·威廉姆斯
ROBIN WILLIAMS

莎士比亚用“下层社会”的人物来反映和评论“上层社会”的生活。

魔法和怪物

魔法和怪物
术语

炼金术 一种早期的化学，致力于将物质相互转化，尤其侧重于将贱金属变成黄金或制造使人长生不老的药剂。

寓言 一个有意义的故事或诗歌，可以更广泛地用于揭示人类存在的真相，或以一种隐蔽的形式讲述另一个故事。

药剂师 售卖药水、酊剂及草药的人；用现代术语来说，就是药剂师。

阿提卡语 阿提卡地区的希腊方言，雅典的口语和书面语，大多数古希腊文学都是用这种语言写成的。

狄米特律斯 《仲夏夜之梦》中的雅典恋人之一。

灵药 一种有魔力的药水。

仙子 一种微型人形的淘气的虚构生物，最初出现在凯尔特和英国的民间传说中。

赫米娅 《仲夏夜之梦》中的雅典恋人之一。她爱拉山德，但被狄米特律斯所爱。

希波吕忒 《仲夏夜之梦》中嫁给忒修斯公爵的亚马孙女王，不顺从丈夫的女强人。

淘气鬼 英国神话中小而友善但烦人的虚构人物。如果留下一些小礼物，他可能会在家里做些小活，但也可能做一些邪恶的事情。在《仲夏夜之梦》中，迫克被称为淘气鬼："叫你'淘气鬼'或是'好迫克'的，你就给他幸运，帮他做工。"

隐喻 一种修辞格，说A是B，从而将A直接比作B，例如："人生不过是一个行走的影子"。

奥布朗 《仲夏夜之梦》中的仙王，提泰妮娅的丈夫。提泰妮娅拒绝把她的印度男孩交给他，为了报复她，他命令迫克在她睡觉的时候在她的眼睛上涂上一种特殊的药水，这样她就会爱上她第一眼看到的人或东西。

精灵 一种神出鬼没的神秘人物。奥布朗把迫克描述成他的"狡猾和顽皮的精灵"。《暴风雨》中的爱丽儿也是一个精灵。

忒修斯 忒修斯公爵是《仲夏夜之梦》中雅典的统治者。他和他的新娘希波吕忒只出现在该剧的开头和结尾。

提泰妮娅 《仲夏夜之梦》中的仙后，奥布朗的妻子。迫克在她眼睛上涂了药水，她爱上了尼克·波顿，一个织工也是业余演员，他的头曾经被变成了驴头。

伊丽莎白一世时代的魔法

30秒钟剧本

在伊丽莎白一世时代的英国，各种各样的魔法随处可见。与赫尔墨斯·特里斯墨吉斯忒斯有关的魔法和炼金术的古代著作非常流行。诺森伯兰郡伯爵在神秘学方面做试验，而贵族们雇佣西蒙·福尔曼来制作魔法灵药。彭布罗克伯爵夫人有自己的炼金术实验室。约翰·迪伊据说被天使赋予了一种神秘的语言。伊丽莎白一世希望从爱德华·凯利爵士的魔法酊剂中获得一小部分来筹集资金以支付海军费用。难怪莎士比亚的戏剧中充斥着各种各样的魔法。在《亨利四世》上篇中，格伦多被认为是一个魔法师，奥赛罗声称手帕中有魔法，当然还有《仲夏夜之梦》。炼金术不仅仅是寻找一种将金属变成黄金的方法，也是一种包含了神秘性和象征性的哲学传统。罗密欧去药店买毒药，并详细记录了炼金术器械。在《皆大欢喜》中，莎士比亚写了一个复杂的炼金术比喻，其中包括一棵橡树，一条金绿色的蛇，一只母狮和血，两兄弟在两小时之间改变了他们的关系。我们认为魔法是幻觉，但对伊丽莎白一世时代的人来说它是真实的。

3秒钟小结

对伊丽莎白一世时代的人来说，魔法思维是正常的。难道魔法这种东西从未存在？还是已经失传？

3分钟谢幕

一些人声称，如果没有天主教会的“魔法”——治疗、驱魔、忏悔、圣礼，以及充满神的力量来保护佩戴者的魔法物品，伊丽莎白一世时代的新教徒们就不得不从别处寻找形而上学的寄托。祈祷或符咒是否真的有效似乎无关紧要，重要的是信仰某种仪式带来的安慰，而魔法可以提供这种仪式。

相关话题

魔法师和女巫
108页
精灵和仙子　112页
魔咒和药水　118页

3秒钟人物

约翰·迪伊JOHN DEE
1527—1608
神秘学家，天文学家，占星家和数学家

西蒙·福曼
SIMON FORMAN
1552—1611
占星家和医生

亨利·珀西
HENRY PERCY
1564—1632
诺森伯兰伯爵九世

本文作者

罗宾·威廉姆斯
ROBIN WILLIAMS

在莎士比亚时代，很多人都从事炼金术，莎士比亚的作品中有很多关于炼金术的内容。

魔法师和女巫

30秒钟剧本

剧院以其仪式、奇观和动人的力量，可以让人感觉接近魔法。莎士比亚的戏剧经常利用这种感觉，在故事中，人们利用超自然的能力来行善和作恶。在他职业生涯的早期，他把圣女贞德写进了《亨利六世》上篇，她的神秘力量被法国人视为圣洁，而在英国人看来则是证明她与巫术有关的证据。巫术是《麦克白》的核心，是驱动情节发展的一个主要引擎；三个“女巫姐妹”与主角分享半真半假的事实，使他相信超自然的力量让他无坚不摧，可以抵抗所有可能反对他通过血腥手段掌权的人。在他职业生涯的后期，莎士比亚围绕另一位魔法师普洛斯彼罗制造了《暴风雨》。普洛斯彼罗使用魔法召唤精灵来执行他基本上仁慈的命令，但我们后来发现，他也使用魔法打开坟墓并与死者沟通。这些戏剧（比如克里斯托弗·马洛早期的《浮士德》其中的一些元素可能受到了启发）利用舞台效果来营造一种敬畏、神秘和兴奋的感觉，但也利用了观众的焦虑，因为他们担心魔法可能是真实的，而这些角色正在拿自己永恒的灵魂冒险。

3秒钟小结

尽管莎士比亚在角色塑造和社会政治方面很有天赋，他和观众们还是很喜欢神奇的、虚构的、令人惊叹的魔法世界。

3分钟谢幕

很多魔法师制造幻觉，如普洛斯彼罗，所以毫不奇怪，这些神奇的效果常常被视为（包括戏剧本身和随后的评论作品）隐喻的戏剧艺术。在舞台上，世界是由语言和词汇所创建。这样一来，莎士比亚自己就成了魔法大师，他似乎在暗示，戏剧既是强大的，又是毫无价值的。

相关话题

医学　50页
《麦克白》　93页
伊丽莎白一世时代的魔法　106页
《暴风雨》　135页

3秒钟人物

约翰·迪伊
JOHN DEE
1527—1608
神秘学家，天文学家，占星家和数学家

克里斯托弗·马洛
CHRISTOPHER MARLOWE
1564—1593
剧作家

本文作者

安德鲁·詹姆斯·哈特利
ANDREW JAMES HARTLEY

作为舞台上的魔法师，莎士比亚创造了神奇的人物来迷惑观众。

鬼魂

30秒钟剧本

莎士比亚的悲剧《哈姆雷特》《麦克白》和《裘力斯·恺撒》，以及他的历史剧《亨利六世》和《理查三世》中的鬼魂，都是以埃斯库罗斯和塞内加的经典戏剧的复仇和预言幽灵为蓝本的。虽然柏拉图贬低了阿提卡悲剧的舞台幽灵，但他仍然阐述了这样一个观点——被杀之人的灵魂往往会纠缠凶手。哈姆雷特父王的鬼魂要求哈姆雷特为他被谋害而报仇，并描述了他遭受的痛苦。在一次宴会上，班柯的鬼魂吓坏了麦克白，后来，三女巫用仪式召唤了八个未来苏格兰国王的形象，都是班柯的后代，因而又挫败了麦克白这位篡位者想要成为国王的野心。莎士比亚的悲剧幽灵提供的远不止险恶的戏剧性场面，对情节发展也是至关重要的，还代表了王室暗杀后神圣正义的超自然表现。然而，在浪漫剧《辛白林》中，在战斗中英勇牺牲的波塞摩斯的父母和兄弟的鬼魂前来祈求祝福，召唤朱庇特保护波塞摩斯。在《冬天的故事》中，赫米温妮女王的梦中鬼魂以一种保护婴儿潘狄塔的方式向安提哥纳斯求助。

3秒钟小结

莎士比亚在他的悲剧和历史剧中都使用复仇鬼魂作为黑暗预言来对付暗杀者。但是，在他的浪漫剧中，鬼魂被描绘成善意的。

3分钟谢幕

在16世纪，人们对鬼魂有不同理解，有人认为鬼魂是魔鬼、是有预兆的恶灵，或者是死者的灵魂。怀疑论者认为鬼魂是幻觉或妄想。不管莎士比亚的观众对鬼魂的看法如何，这些戏剧化的鬼魂填补了想象空间。

相关话题

古典文学影响　12页
魔法师和女巫　108页
预言和预感　120页

3秒钟人物

雷金纳德·斯科特
REGINALD SCOTT
1538—1599
《巫术的发现》的作者

蒂莫西·布赖特
TIMOTHIE BRIGHT
1551—1615
《论忧郁》的作者

苏格兰国王詹姆斯六世
KING JAMES VI OF SCOTLAND
1564—1625
《妖怪学》的作者

本文作者

厄尔·肖尔曼
EARL SHOWERMAN

按照古典传统，莎士比亚笔下的鬼魂是复仇心重的先知。

精灵和仙子

30秒钟剧本

无论莎士比亚读过多少书，无论他对世界和历史文化有多少了解，他都对独特的英国和乡村民间传统着迷。民间传说经常出现在典故和隐喻中，比如在《罗密欧与朱丽叶》中，茂丘西奥滔滔不绝地讲起一个名叫“麦布女王”的造梦仙子，在《仲夏夜之梦》和《暴风雨》中，莎士比亚就把这样的生物搬上了舞台。在《暴风雨》中，爱丽儿是空气、水和火的精灵，会变形术，还是音乐家和幻想大师。早期剧作中的仙子们住在土地上和森林中，它们更多地生长在剧作家的故乡英国乡村，而不是剧中它们的家乡雅典森林。它们的首领是国王奥布朗和王后提泰妮娅，他们都有仆人仙子陪伴，其中的一个叫迫克，是一个故意制造麻烦的精灵，喜欢捣乱。虽然他的滑稽动作大多是无伤大雅的恶作剧，但他也是一个“淘气鬼”，能够像噩梦一样出现。剧中仙子们的争斗对天气和景观造成了毁灭性的影响。对于莎士比亚的读者来说，精灵和仙子提醒他们，世界上有很多东西是他们不理解的，他们已经学会对这些东西保持警惕。

3秒钟小结

对于莎士比亚来说，精灵和仙子不只是用来推动情节，更暗示着世界上一些人类无法控制和理解的事情。

3分钟谢幕

马库修想象中的仙子和《仲夏夜之梦》中的仙子，都是一种微小的生物，它们乘着榛子壳制成的马车旅行，睡在蛇皮里，捕捉蜜蜂，但它们与人类关系亲密。这其中的物理原理尚不完全清楚——有时仙子看起来和人一样大，有时它们似乎把人缩小到了它们的尺寸，但莎士比亚从不让逻辑问题阻碍精彩故事的发展。

相关话题

伊丽莎白一世时代的魔法　106页
《仲夏夜之梦》
115页
《暴风雨》　135页

本文作者

安德鲁·詹姆斯·哈特利
ANDREW JAMES HARTLEY

莎士比亚笔下的仙子借鉴于民间传统，代表生活中的奥秘。

经典剧作专题：《仲夏夜之梦》

A MIDSUMMER NIGHT'S DREAM

有人会让我们相信，这是莎士比亚对孩子们最友好的一部作品：一部充满魔法、仙子、滑稽短剧和美满结局的浪漫喜剧。在维多利亚时代的人看来，这部剧全是鲜花和仙子，通常由孩子们扮演。但仔细观察这部戏，你会发现一些更黑暗、更令人不安的东西。

剧本一开头就是两场强迫婚姻的前夕——忒修斯和被俘的希波吕忒以及赫米娅和狄米特律斯。如果赫米娅不服从，就会面临死亡的威胁。奥布朗和提泰妮娅之间的争执让情况发生了剧变，他们的争执名义上是争夺一个印度男孩的所有权，同时也是由仙子与主要情节中的人物相关的性嫉妒所驱使。代价很大，每个人的痛苦（包括林中吵架的恋人）将这场梦变成一场噩梦，在梦里一切都一反常态，恋人无缘无故背叛彼此，而且死亡的威胁真实存在。

事情似乎愉快地解决了，却很奇怪。忒修斯和他沉默寡言的新娘在剧本开头时关系还很紧张，后来却缓和了，而中间他们两个根本没有在舞台上出现。但是他们的仙子化身（奥布朗和提泰妮娅）出现在整个森林场景中。在莎士比亚的舞台上，大多数演员都会扮演不止一个角色，看到忒修斯和希波吕忒之间的斗争通过神话中的仙王和仙后上演在心理学上是有意义的，因为仙王和仙后可能长得和他们一模一样。

该剧中所有挣扎（甚至是皮拉摩斯和提斯柏的挣扎）都是关于权力、控制和欲望的，结果也不像我们想象的那么明了。奥布朗剥夺了提泰妮娅的意志，这应该是他想要的，但在这个过程中，他使自己与她更加疏远。这是在告诉我们，当他解除了她的花汁咒语，他要求她回来的时候不是更顺从，而是还和她之前那样争强好胜。在森林场景中可以对平常的角色进行实验和逆转，让人蔑视过去喜爱的人，或是喜爱昔日藐视的人，但和谐最终是通过相互关系和力量平衡实现的，而那些坚持父权制权威的人（如赫米娅的父亲）被推翻。这不是大多数孩子能理解的。

安德鲁·詹姆斯·哈特利

怪物

30秒钟剧本

就像每一个社会一样，莎士比亚笔下的英国被想象成一个充满“怪物”的世界。这些“怪物”和人混杂在一起，煽动着恐惧、厌恶和迷恋，有时被施魔法，有时在对常态或越轨的假设的黑暗中被发现。从英国最早的殖民航行中被带回来的“野蛮”部落的人，在伦敦的集市上付钱便能观赏，在城市的书摊上可以看到关于奇异的动物、可恶的恶魔、畸形人等的故事。莎士比亚对这种早期的现代魅力并不陌生，他的语言中充满了各种可怕的形象。罗密欧称死亡为“瘦骨嶙峋、令人憎恶的怪物”；麦克达夫承诺要让麦克白“当作一头稀有的怪物一样”受到惩罚；伊阿古曾警告奥赛罗“你要留心嫉妒啊，那是一个绿眼的妖魔”。莎士比亚在他的戏剧中也将怪物搬上舞台：《理查三世》中毁容的理查；在《仲夏夜之梦》中变了形的波顿；《麦克白》中令人不安的女巫；还有《暴风雨》中邪恶女巫西考克拉斯的儿子：心怀不满的卡列班。这些角色有着令人不安的外表和行为，在电影和舞台上持续吸引着我们，鼓励我们不仅要认识到外在的“怪物”，还要认识到内在的“怪物”。

3秒钟小结

与他同时代的人一样，莎士比亚也着迷于巨大的怪物。他的剧中不仅经常提到怪物，而且有些剧还把怪物搬上舞台。

3分钟谢幕

随着16世纪的结束，莎士比亚和他同时代的人越来越关注潜伏在我们每个人心中的怪物；人们认为这些怪物比在自然界中遇到的更可怕。事实上，就像同时代的蒙田在论文《论食人族》中揭露了文明人的野蛮一样，莎士比亚的另一个自我，《暴风雨》中的普洛斯彼罗生动地将半人半怪的卡列班形容为“这个坏东西我必须承认是属于我的”。

相关话题

《仲夏夜之梦》
115页
《暴风雨》 135页

3秒钟人物

米歇尔·德·蒙田
MICHEL DE MONTAIGNE
1533—1592
散文作家

本文作者

柯克·梅尔尼科夫
KIRK MELNIKOFF

莎士比亚着迷于骇人的“他者”和内在的“怪物”。

魔咒和药水

30秒钟剧本

从《无事生非》中能安抚不安的心的圣蓟，到《仲夏夜之梦》中滴入眼睛就能让人爱上别人的魔力花汁，莎士比亚的剧中囊括各种毒药、混合物和神奇的魔咒——有的是真实的，有的是想象出来的。《罗密欧与朱丽叶》中的朱丽叶和《辛白林》中的伊摩琴都喝了一种灵药，能让人进入类似死亡的深度睡眠。当爱情被认为是不正当的时候，魔咒就会受到指责，正如苔丝狄蒙娜的父亲就坚持认为她爱上奥赛罗是因为被魔咒迷惑；在《仲夏夜之梦》中，伊吉斯认为拉山德用巫术追求他的女儿。莎士比亚的草药知识令人印象深刻。他知道草药要根据其用途在特定时间采集："铁杉之根，在黑暗中采集"是指在新月之时采集这种植物，正好是采集"算命"所需元素的恰当时机；有毒的紫杉树条"月食之时银闪闪"，在月亏之时斩断，正好与收集植物进行"诅咒或驱逐"的传统时机吻合。《罗密欧与朱丽叶》中的劳伦斯神父在清晨的露水中采集药草，并说道："石块的冥顽，草木的无知，都含着玄妙的造化生机。"

3秒钟小结

莎士比亚的著作中关于魔咒和药水的描写比关于战争的描写更为详尽。

3分钟谢幕

根据古代药谱和食谱，《麦克白》中锅里的成分是草药和植物：蝾螈的眼睛是芥菜种子；狗的舌头是猎犬舌头上的叶子；龙鳞是龙舌兰的叶子，又称龙蒿，其拉丁名意为"小龙"。木乃伊粉是一种从干尸中提取的药物，在伊丽莎白一世时代很流行，1908年之前一直在默克公司的药品名录中出售。

相关话题

医学 50页
伊丽莎白一世时代的魔法 106页
魔法师和女巫 108页

3秒钟人物

帕拉塞尔苏斯
PARACELSUS
约1493—1541
莎士比亚提到的内科医生、植物学家和占星家

约翰·杰勒德
JOHN GERARD
1545—1612
英国草药医生

本文作者

罗宾·威廉姆斯
ROBIN WILLIAMS

从《麦克白》中的女巫咒语中可以看出，莎士比亚对草药知识有详细的了解。

预言和预感

30秒钟剧本

3秒钟小结

莎士比亚有时会用预言来“指示”故事的走向，但预言也往往像谜语一样让角色和观众来破解。

3分钟谢幕

在莎士比亚的戏剧中，预言的意义真实性常常是模棱两可的。事实上，预言既可能会澄清事实，也可能会制造不确定性，从而在欺骗剧中角色的同时，也蒙蔽了观众。尤其是在英国的历史剧中，解读预言和预感的问题，被用来类比同期理解历史和推动历史的力量时面临的困难。

莎士比亚的戏剧充满了预言和预感。在《理查三世》中，理查编造了一个误导人的预言，以暗示他的哥哥克拉伦斯有罪。克拉伦斯自己也做了一个可怕的噩梦，梦见自己在海上死去。而他随后被理查用酒桶溺死，也算是验证了其预感。同样在这部剧中，玛格丽特诡异地预言了许多人物（包括理查）的死亡。在《特洛伊罗斯与克瑞西达》中，卡珊德拉预言了特洛伊的陷落。在《裘力斯·凯撒》中，凯撒的妻子凯尔弗妮娅梦见凯撒将死在她的怀里。《亨利六世》上篇中，贞德与恶魔达成邪恶的协议从而获得预言能力。《亨利六世》中篇中，熟睡的葛罗斯特公爵被可怕的预言困扰，这个预言似乎预示着他的垮台，而雄心勃勃的公爵夫人则梦想她将成为女王。最后，三个女巫蛊惑人心（但常常让人困惑）的预言诱使麦克白做出越来越令人震惊的暴力行为，甚至让他相信“没有一个妇人所生下的人”能伤害到自己。具有讽刺意味的是，结果麦克白的克星麦克达夫是剖腹产出生的，这就展现了预言的危险性。

相关话题

圣经典故 48页
《麦克白》 93页
伊丽莎白一世时代的魔法 106页
魔法师和女巫
108页

3秒钟人物

亨利·霍华德
HENRY HOWARD
1540—1614
北安普顿伯爵一世，写文反对所谓的预言

理查德·哈维
RICHARD HARVEY
1560—1630
1588年预言灾难的牧师

本文作者

李·约瑟夫·鲁尼
LEE JOSEPH ROONEY

卡珊德拉预言了特洛伊的陷落，在其他戏剧中，预言像谜语一样。

遗产

遗产
术语

安妮·哈瑟薇 威廉·莎士比亚的妻子在结婚前的名字。

爱丽儿 《暴风雨》中的淘气精灵。

莎士比亚崇拜 对莎士比亚的偶像崇拜。

出自……之手 将作品归于某一特定艺术家或作者的行为。

卡列班 《暴风雨》中的一个角色。一个野蛮的半人半怪的角色，他的母亲是女巫西考克拉斯，而且他（有点不情愿地）侍奉普洛斯彼罗。

搭配 在语言学中，习惯性地把一个词与另一个词放在一起使用，具有一定的使用频率。

文化意识 了解你自己的文化，以及它与其他文化的比较。

大卫·加里克 莎士比亚戏剧演员和戏剧经理（1717—1779），他是第一个主要的莎士比亚戏剧节——1769年的莎士比亚庆典的负责人。他几乎影响了18世纪戏剧制作的所有方面。

文绉绉的词汇 英语中来自外语的词汇，被认为是不必要的或做作的。

马基雅维利式的 根据尼可罗·马基雅维利（1469—1527）在其著作《君主论》中提出的原则，探索如何实现和保持政治权力，其实质是“目的正当，手段正当”。马基雅维利指的是那些在追求权力的过程中诡计多端、冷酷无情的人。

假面剧 一种业余的戏剧娱乐形式，在16~17世纪的贵族中流行，包括跳舞和戴面具的演员的表演。

普洛斯彼罗 《暴风雨》的主角；被流放的米兰公爵，通过研究某些书籍，成为强大的魔法师。

浪漫主义诗歌 浪漫主义是18世纪中后期（以及19世纪早期）的一场文化运动，它对启蒙运动中更为理性或科学的价值观不满。浪漫主义诗人包括华兹华斯、济慈、雪莱、拜伦和柯勒律治。

独白 戏剧中演员的简短台词，除了观众外，剧中角色没有人能听到。

精灵 一种难以捉摸的神秘人物。奥布朗把迫克描述成他的“狡猾和顽皮的精灵”。《暴风雨》中的爱丽儿也是一个精灵。

舞台指导 剧本中的一种指示，指示一个或多个演员的背景、位置或动作、一段对话的基调或声音和灯光效果。

无限空间之王

30秒钟剧本

尽管莎士比亚的戏剧作为私人阅读的材料是丰富复杂的，但它毕竟不是小说或诗歌，而是剧本，只有通过演员的具体化的表达才能达到预期的效果。在一页纸上，剧本除了角色名字和对白外，几乎没有别的内容，甚至舞台指导（经常由编辑添加）也很少使用，但文本中有限的舞台线索为舞台表演提供了多种可能性。因此，文本不是追求“正确的”舞台设计，也不是回归戏剧最初的表演方式，而是成为一种新的艺术对象的原始材料，这种新的艺术对象通过戏剧公司与文本文字的互动而共同产生。无论剧本多么静态，最终作品的一个关键元素（剧团成员）总是新的，并给作品带来自己的想法和品位，所以莎士比亚戏剧的表演历史必然是该文化的艺术和政治演变的记录。一次好的演出会与剧本产生一种紧迫的共鸣，让内容变得直接，这样观众不仅能看到过去的莎士比亚戏剧，还能直接与他们对话，探索与他们相关的思想和问题。

3秒钟小结

莎士比亚的文本只是一个开始。舞台上的戏剧是一个活生生的有机体，永远不会有两场戏完全一样。

3分钟谢幕

《裘力斯·凯撒》的戏剧制作（或电影）可能以1世纪的罗马为背景，探讨政治和媒体是如何操纵公众的。不同时期的不同戏剧表演公司发现了不同的戏剧元素，这些元素令人兴奋，适合探索，因此戏剧得以发展。如果做得好，就能保留首次上演时那种令人振奋的新鲜感。

相关话题

同时代影响 14页
讲故事的人 130页

3秒钟人物

理查德·伯比奇
RICHARD BURBAGE
1567—1619
演员和剧院老板

大卫·加里克
DAVID GARRICK
1717—1779
莎士比亚戏剧的演员和经理人

彼得·霍尔
PETER HALL
1930—
皇家莎士比亚公司的董事和创始人

本文作者

安德鲁·詹姆斯·哈特利
ANDREW JAMES HARTLEY

戏剧表演公司可以改编莎士比亚的戏剧，以适应任何文化或时代。

英文的发明者

30秒钟剧本

伊丽莎白一世时代的人们对英文的新词汇争论不休——这些“文绉绉”的词汇是该被轻视和拒绝，还是有必要用来描述新概念、修饰语言呢？莎士比亚喜欢给英文增加词汇。麦克白夫人希望“unsex me（解除我女性的柔弱）”，“unsex”这个词因为这部戏而流传至今。《一报还一报》中的“accommodation（住处；和解）”和《麦克白》中的“assassination（暗杀）”，在今天都很常见。我们使用的很多更令人难忘并一眼就能认出来的短语，很多都是莎士比亚创造的。如“hoist with his own petard（搬起石头砸了自己的脚）”，“brevity is the soul of wit（言以简洁为贵）”，“to be or not to be（生存还是毁灭）”以及所有的双关语版本，比如“taboo or not taboo（抽烟还是不抽）”“to the manner born（生来就惯于做某事）”。记者伯纳德·莱文列出了50多个这样的短语：如果我们说“It’s Greek to me（如读天书）”，或“dead as a doornail（彻底死了）”，或“vanished into thin air（消失得无影无踪）”，那么，我们就是在引用莎士比亚的话。

3秒钟小结

和大多数同时代人一样，莎士比亚喜欢创新语言。四个世纪后，他创造的许多新词和短语成为日常英语的一部分。

3分钟谢幕

莎士比亚的造词方式不尽相同。有时，他会在既有语言上添加词缀，比如“laughable（可笑的）”“dislocate（脱臼；扰乱）”和“courtship（求爱）”，尤其是“un”这个词缀，如“unknown（不知道的）”和“unpolluted（未受污染的）”。有时他会用连字符创造新词，比如“smooth—faced（表面友好的；无胡须的）”和“tongue—tied（张口结舌）”。

相关话题

语言和词汇 46页
措辞 72页

3秒钟人物

伯纳德·莱文
BERNARD LEVIN
1928—2004
记者、作家和广播员

本文作者

玛格丽特·乔利
MARGRETHE JOLLY

据估计，莎士比亚至少为英文增加了1700个单词。

hoist with his own petard
accommodation
my mind's ey
brevity is the soul of wi
unsex
assassination
exsufflicate

讲故事的人

30秒钟剧本

和同时代的大多数作家一样，莎士比亚在构思情节时大量借鉴历史、神话和同一故事的早期版本以及其他剧作家的做法。他把每个故事都改成了他自己的故事，要么加一个转折，甚至会让那些自认为知道将会发生什么的人大吃一惊（比如他把《李尔王》里的科迪莉亚写死了），要么创造新的角色，要么通过全新的写作方式完全改写成一个崭新的故事。随着时间的推移，他的声望越来越高，他的故事成为文化和教育的重点，后来的作家也做了类似的事情，在创作新书和剧本时对莎士比亚的情节略加修改。例如，《李尔王》的情节被简·斯迈利重写为《一千英亩》，这是一部关于爱荷华州一位农民女儿的小说。像《西区故事》和《吻我，凯特》这样的舞台音乐剧是《罗密欧与朱丽叶》和《驯悍记》的衍生品，而《哈姆雷特》则被创意性地改编成了《狮子王》。《纸牌屋》等电视剧借鉴了《理查三世》，不仅描绘了马基雅维利式的政治，还借鉴了其主人公与观众推心置腹般直接交谈的方式。

3秒钟小结

今天“莎士比亚”这个词不仅代表一位作家或著名作品的集合，而且是一个有着自己生命和能量的文化生产领域。

3分钟谢幕

作家们可以改编莎士比亚的作品，因为这些作品不受版权保护，但其对作家们的吸引力远不止于此。当你复述一个老故事，便是触及古老的文化意识，而一旦成功，便会创造出一种让人感到耳目一新的东西，因此你就成为一个鲜活的叙述传统的一部分。莎士比亚也是这个传统的一部分，他本人不仅是创作者，也是他人故事的改编者。

相关话题

文本来源　8页
无限空间之王
126页

3秒钟人物

科尔·波特
COLE PORTER
1891—1964
歌曲作家和作曲家

简·斯迈利
JANE SMILEY
1949—
小说家

本文作者

安德鲁·詹姆斯·哈特利
ANDREW JAMES HARTLEY

《罗密欧与朱丽叶》在现代被改编成音乐剧《西区故事》。

影响

30秒钟剧本

3秒钟小结

由于莎士比亚在遣词造句方面十分有天赋，他成为有史以来英语文学中最具影响力的作家之一。

3分钟谢幕

许多作品的题目都取自莎士比亚的作品，比如阿加莎·克里斯蒂的《捕鼠器》、阿尔弗雷德·希区柯克的《西北偏北》、大卫·福斯特·华莱士的《无尽的玩笑》取自《哈姆雷特》，雷·布拉德伯里的《必有恶人来》、威廉·福克纳的《喧哗与骚动》取自《麦克白》，阿利斯泰尔·麦克莱恩的《血染雪山堡》取自《理查三世》，托马斯·哈代的《绿林荫下》取自《皆大欢喜》。

莎士比亚比其他作家更具有影响力吗？有多少艺术作品借鉴了莎士比亚的戏剧和诗歌？莎士比亚的影响是全球性的，涉及所有的艺术形式。据估计，仅在英国艺术家中，描绘莎士比亚戏剧场景的画作就有约2300幅，占了1760~1900年有记录的文学画作总数的五分之一。他创作的故事除了多次以不同的形式和体裁被复述外，他的戏剧和诗歌中的短语也成为数百部戏剧、小说、电影和歌曲的标题。他对浪漫主义诗人产生了巨大的影响：约翰·济慈在写作时旁边放着莎士比亚的半身像，创作出充满莎士比亚意象的诗歌；塞缪尔·泰勒·柯勒律治也受到同样的启发，写了许多有关莎士比亚作品的有影响力的文章。查尔斯·狄更斯深受莎士比亚影响，经常引用莎士比亚的话，至少有25本书的题目使用了莎士比亚的短语。托马斯·哈代和赫尔曼·梅尔维尔同样认可莎士比亚的影响，梅尔维尔甚至在《白鲸》中加入了舞台指导和独白。莎士比亚继续为现代作家、艺术家、电影制作人、音乐家和戏剧从业者提供灵感。

相关话题

措辞 72页
讲故事的人 130页
重要遗产 140页

3秒钟人物

约翰·济慈
JOHN KEATS
1795—1821
诗人

查尔斯·狄更斯
CHARLES DICKENS
1812—1870
小说家

赫尔曼·梅尔维尔
HERMAN MELVILLE
1819—1891
小说家和诗人

本文作者

罗斯·巴伯
ROS BARBER

莎士比亚为柯勒律治、梅尔维尔、狄更斯、济慈和哈迪提供了灵感。

OCEANVS

经典剧作专题：《暴风雨》

THE TEMPEST

《暴风雨》写于莎士比亚职业生涯晚期。剧情如剧名，故事开始于一艘在风暴中失控的船。然而，观众很快就会发现这种看似自然的现象实际上是魔法的诡计，这是剧中主角为了报复而施的魔法。普罗斯佩罗曾经是米兰公爵，但在戏剧的开始，他便被废黜，被迫流亡，与他的女儿米兰达、他的土著仆人卡列班和精灵仆人爱丽儿生活在一个魔法小岛上。就像命中注定一样，这艘船从米兰出发，船上的乘客包括普罗斯佩罗的弟弟安东尼奥和那不勒斯国王阿隆索，他们都是之前陷害普罗斯佩罗的幕后主使。随后船在岛上失事，普罗斯佩罗下定决心秉持正义并夺回他的爵位。这部戏剧可以被理解为在探讨报复的局限性、宽恕的力量以及殖民统治的方式和代价。最后，结局很愉快，普罗斯佩罗与那些对他不公的人和好（包括卡列班），他的女儿与阿隆索的儿子斐迪南订婚。

和《仲夏夜之梦》一样，《暴风雨》是莎士比亚刻意关注艺术、艺术家和想象力的作品之一。从开场的风暴，到中间的神和收割者的假面剧及宴会，这出戏一遍又一遍地上演着艺术的力量，它能感人、能教导、能改造。然而，这并不是故事的全部。普罗斯佩罗也承认他的魔法艺术的不足，甚至承认“地球自身，以及地球上所有的一切，都将同样消散，如同这一场幻境，连一点烟云的影子都不会留下。”这是莎士比亚令人难忘的台词之一。几个世纪以来，普罗斯佩罗的忧思一直被一些人视作莎士比亚的忧思，把《暴风雨》当作他对舞台的告别之作。莎士比亚后来继续写剧本，可能是反驳这个说法，也可能表明他改变了主意。

《暴风雨》不仅启发了许多忠于原著的舞台表演，长期以来也被证明适合各种类型的改编。在过去的几个世纪里，改编自《暴风雨》的电影、歌剧、滑稽剧、衍生剧和音乐作品层出不穷。该剧也被改编成多部电影，包括弗雷德·威尔科克斯1956年导演的《禁忌星球》、德里克·贾曼1979年导演的《暴风雨》、彼得·格林纳威1991年导演的《普罗斯佩罗的魔典》和吉姆·谢里丹2002年导演的《新美国梦》。

柯克·梅尔尼科夫

伪书

30秒钟剧本

在莎士比亚的一生中，以他的名字或名字的首字母发表的戏剧数量之多，令人好奇，但以其名字首字母发表的作品似乎并不是他写的。《洛克林》（1595年）以“由W.S.重新推出、监督并校正”的名义出版。《克伦威尔勋爵托马斯》（1602年）和《清教徒寡妇》（1607年）也被认为是“W.S.”所作。《伦敦浪子》（1605年）、《约克夏的悲剧》（1608年）和《泰尔亲王佩力克里斯》（1609年）署的是莎士比亚的全名。《约翰·奥德卡瑟爵士》于1600年匿名出版，1619年以莎士比亚的名义再版。所有这些戏剧都被收入1663年的第三对开本和1685年的第四对开本，尽管现在只有《泰尔亲王佩力克里斯》被认为是他写的（至少一部分是）。在《热情的朝圣者》（1599年和1612年）里，以莎士比亚名义发表的20首诗歌中，只有5首是他写的，剩下的是托马斯·海伍德、理查德·巴恩菲尔德、克里斯托弗·马洛和沃尔特·罗利爵士所著。一些学者认为莎士比亚可能参与了《爱德华三世》（1596年）的创作并重写了《托马斯·莫尔爵士》的一部分。1634年出版的《两个高贵的亲戚》被认为是莎士比亚和约翰·弗莱彻合著，这一说法得到了普遍认可。一些学者认为，原稿剧本《伍德斯托克的托马斯》（也被称为《理查二世》上篇）和《埃德蒙·艾恩赛德》是莎士比亚的作品。

3秒钟小结

莎士比亚在世时，有其他人的诗歌和戏剧以莎士比亚的名字出版。现代学者仍在试图确定莎士比亚实际作品的范围。

3分钟谢幕

《法弗舍姆的阿登》是一部无韵诗戏剧，出版于1592年，作者不详。有人认为这部戏有一部分是莎士比亚写的，剧中有名为布莱克·威尔和莎士伯格的角色和阿登一家。这些名字放到一起似乎在暗示威廉·莎士比亚，因为他母亲出嫁前的名字是玛丽·阿登。但这出戏是根据1551年2月14日发生在肯特郡法弗舍姆的真实谋杀案改编的，所有这些名字都是真实的。

相关话题

同时代影响　14页
合著者身份　20页
重要遗产　140页

3秒钟人物

托马斯·海伍德
THOMAS HEYWOOD
1570/5—1641
剧作家，诗人和演员

理查德·巴恩菲尔德
RICHARD BARNFIELD
1574—1620
诗人

约翰·弗莱彻
JOHN FLETCHER
1579—1625
詹姆斯一世时期的剧作家

本文作者

罗斯·巴伯
ROS BARBER

莎士比亚的名字被附在几首有可能他没有写过的诗和剧本上。

A YORKSHIRE Tragedy.
Not so New as Lamentable and true.
THE LONDON Prodigall.
As it was plaide by the Kings Maiesties seruants.
By VVilliam Shakespeare.
THE
Lamentable
THE LATE,
And much admired Play,
Called
Pericles, Prince of Tyre
With the true Relation of the whole Historie, aduentures, and fortunes of the said Prince:
As also,
The no lesse strange, and worthy accidents, in the Birth and Life, of his Daughter MARIANA.
As it hath been diuers and sundry times acted by his Maiesties Seruants, at the Globe on the Banck-side.
By William Shakespeare.
Imprinted at London for Henry Gosson, and are to be sold at the signe of the Sunne in Pater-noster row, &c.
1609.

伪造品

30秒钟剧本

3秒钟小结

令人失望的是，身为文学偶像的莎士比亚并没有什么个人文件，因此一些惊人的伪造品应运而生。

3分钟谢幕

莎士比亚的伪造品是从1769年大卫·加里克的莎士比亚庆典开始的吗？莎士比亚的新居在1702年被拆除，其替代品也在1759年被夷为平地，但当地的雕刻家购买了花园里的桑树木材，据说这棵桑树是莎士比亚亲自种下的。在加里克的庆典期间，售出了数以百计的桑木纪念品，远远超过一棵树所能提供的木材。塞缪尔·爱尔兰自己也有一个桑木酒杯。

曾经有一个埃文河畔的斯特拉特福德居民威廉姆斯先生，喜欢这样自娱自乐：告诉游客，他之前烧掉了一摞莎士比亚的文件。1795年，塞缪尔·爱尔兰在参观斯特拉特福德时告诉他19岁的儿子威廉·亨利："我愿意用我宝贵的图书馆的一半来换取这位伟大诗人的一张亲笔手稿。"几周后，儿子给了他一张带有莎士比亚签名的收据。这张纸是16世纪的，墨水是棕色的还褪了色，因此父亲信服了。此后还有更多的亲笔：莎士比亚写给安妮·哈瑟维的情书、与伊丽莎白一世的通信、《李尔王》的手稿、《哈姆雷特》的笔记，还有一个全新的剧本《沃蒂根和罗威娜》。但威廉·亨利·爱尔兰并不是莎士比亚。在《沃蒂根》的开幕之夜，研究莎士比亚的学者埃德蒙·马隆发表了关于爱尔兰文件的报告，称这些文件是伪造的。57年后，广受尊敬的莎士比亚学者约翰·佩恩·科利尔展示了一个惊人的发现：莎士比亚作品的《第二对开本》（1632年），上面覆盖着数千种符号，科利尔称这些符号是作者留下的。8年后，科利尔被谴责伪造，随后发现他在数十份文件中添加了句子和单词。直到今天，学者们都不愿相信任何科利尔经手的东西。

相关话题

生平与传说 4页

重要遗产 140页

3秒钟人物

大卫·加里克
DAVID GARRICK
1717—1779
有影响力的演员、剧作家和剧院经理

威廉·亨利·爱尔兰
WILLIAM HENRY IRELAND
1775—1835
诗人和伪造者

约翰·佩恩·科利尔
JOHN PAYNE COLLIER
1789—1883
莎士比亚学者和伪造者

本文作者

罗斯·巴伯
ROS BARBER

莎士比亚的传奇地位为可疑的纪念品和伪造品创造了市场。

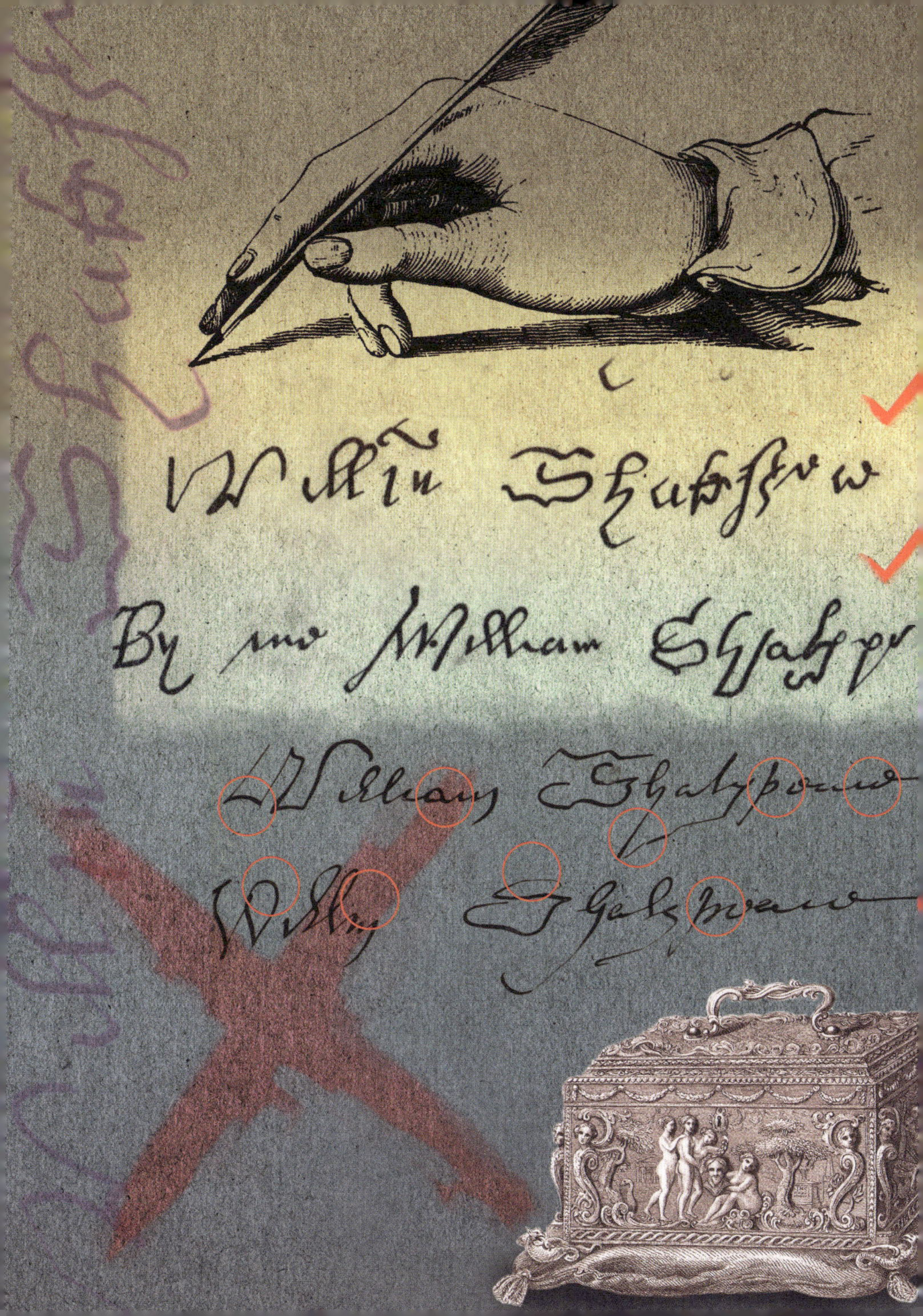

重要遗产

30秒钟剧本

尽管莎士比亚在他生活的时代已经成为公认的大作家，但直到18世纪，他才逐渐成为卓越的英文作家。广受尊敬的第一部综合英语词典的作者塞缪尔·约翰逊在其著作的1765年版本的序言中说："莎士比亚超越了所有的作家……他的诗向读者忠实地反映了风俗和生活。"20世纪末，塞缪尔·泰勒·柯勒律治颇具影响力的演讲和散文提高了《哈姆雷特》的地位，而此前《哈姆雷特》曾被嘲笑和轻视。莎士比亚崇拜始于18世纪，自那以后，莎士比亚越来越受追捧。莎士比亚本人仍然是个谜，我们并不了解他的个人品质以及造就他的生活环境，反过来，他本身也造就了西方文化的诸多方面和主流语言。神秘感是他经久不衰的原因之一吗？费伊·韦尔登曾说过，如果她找到莎士比亚的日记，她会烧掉它。四百年来，莎士比亚成了家喻户晓却无人了解的作家。"愿我的名字永远和肉体同埋"？几乎不可能。

3秒钟小结

在莎士比亚从"凡人"到"神"的400年历程中，他的天赋似乎无人能及。这是为什么呢？

3分钟谢幕

1623年出版的《第一对开本》在多大程度上提高了莎士比亚的声誉？在序言中，本·琼森称他为"诗人之星"和"时代的灵魂"，说他是"永恒的"。《第一对开本》的36部戏剧中有18部之前并没有出版，因而是如果没有收录就可能会失传的作品。没有人知道是谁资助或者协助收集了这么多的资料，但是我们应该好好感谢他们。

相关话题

生平与传说 4页
影响 132页
伪书 136页
伪造品 138页

3秒钟人物

本·琼森
BEN JONSON
1572—1637
诗人、剧作家和文学评论家

塞缪尔·约翰逊
SAMUEL JOHNSON
1709—1784
文学评论家、编辑、传记作家和散文家

哈罗德·布鲁姆
HAROLD BLOOM
1930—2019
文学评论家

本文作者

罗斯·巴伯
ROS BARBER

如今，威廉·莎士比亚非常受人尊敬，他就像一位"文学之神"。